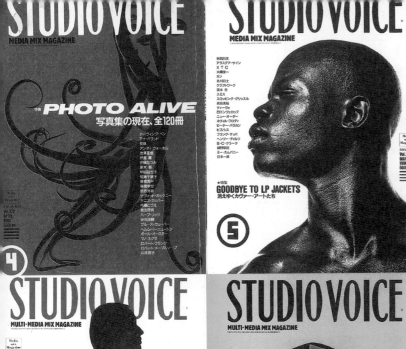
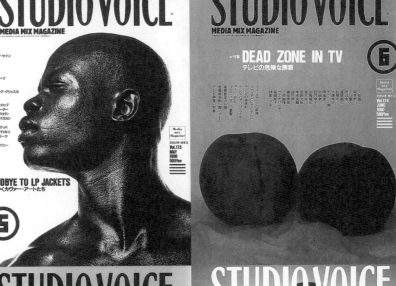

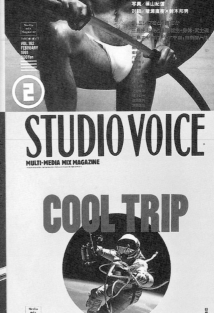

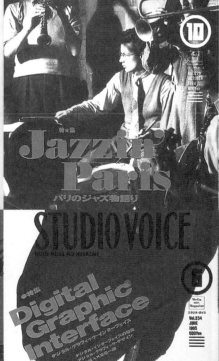

9

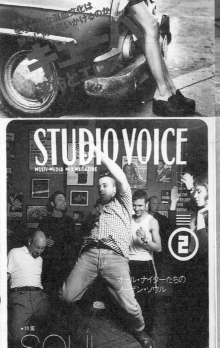

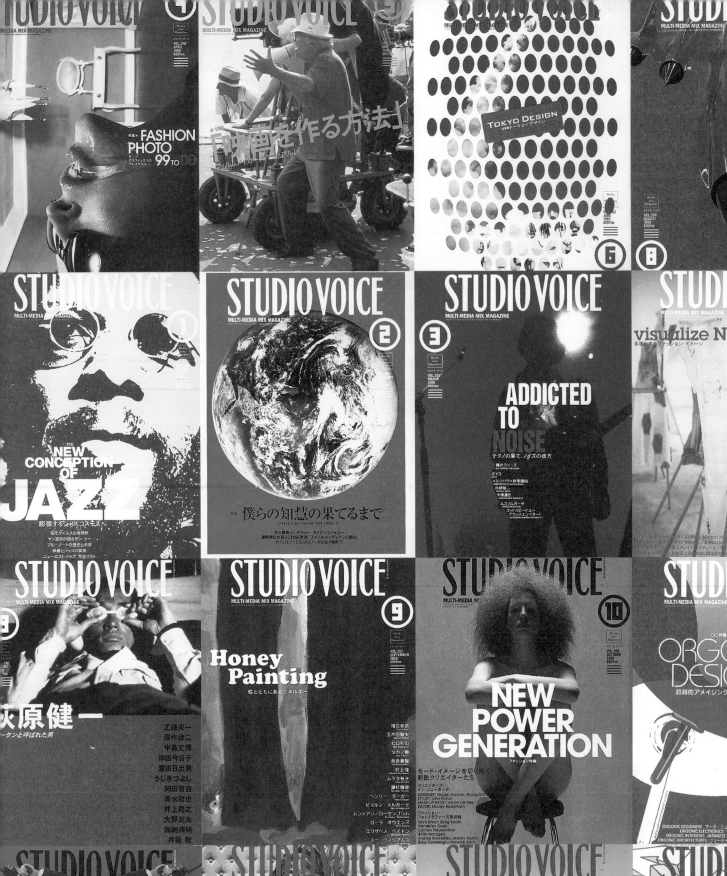

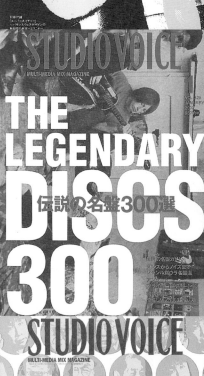

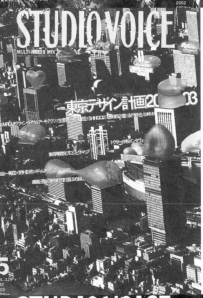

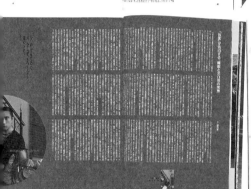

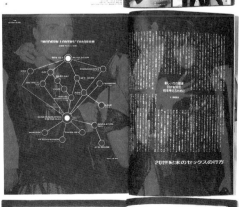

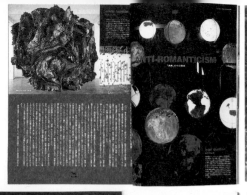

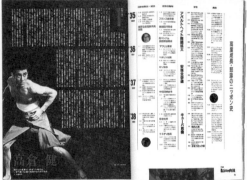

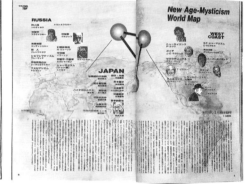

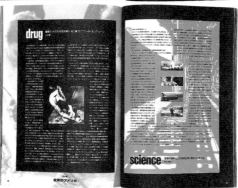
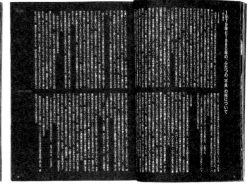

sports

COOL TRIP
精神世界の旅、神秘主義の果て

gregory bateson

marshall mcluhan

colin wilson

buckminster fuller

思想家の描く人類進化のイメージ

So Fucking What! 次監督たち

狂気のアメリカ

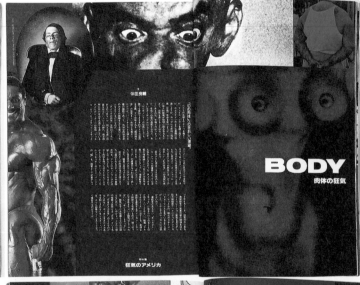

BODY
肉体の狂気

狂気のアメリカ

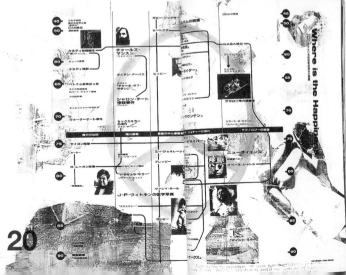

Where is the Happiness

EVOLUTION TO NEW TYPE

MAGIC JOHNSON, BASKETBALL PLAYER

larry clark

JUMP ジャンプ

BROAD JUMP 幅跳び

bruce davidson
danny lyon

キャンディーズ

HIROMI Go

郷ひろみ

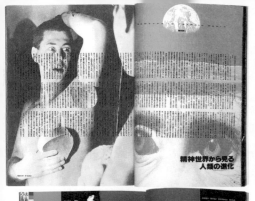

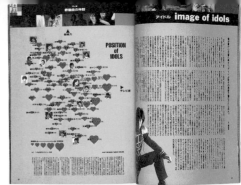

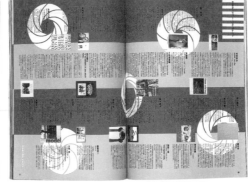

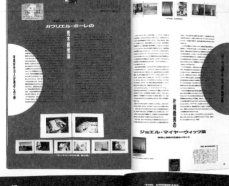

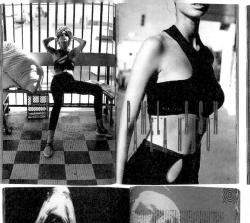

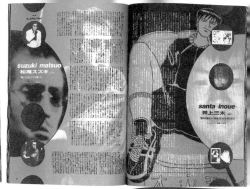

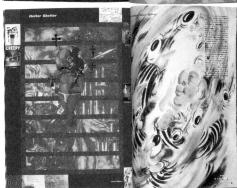

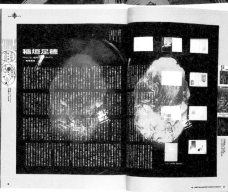

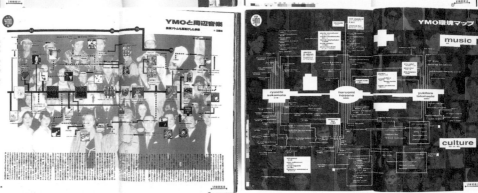

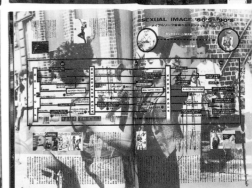

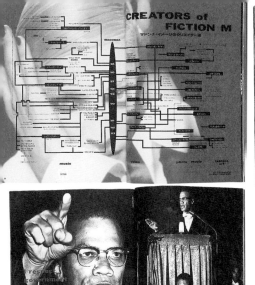

CREATORS of FICTION M

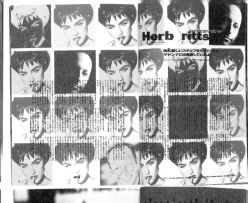

Herb ritts

PROPAGANDA of FICTION·M

SEX

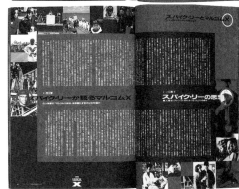

art director of fashion image

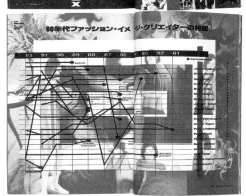

MARC ASCOLI

PETER ARNELL

donna karan (d.k.n.y)
byblos
christian lacroix

FABIAN BARON

harper's bazaar interview
vogue italia issey miyako

barneys new york

giorgio armani
emporio armani

designland

mass

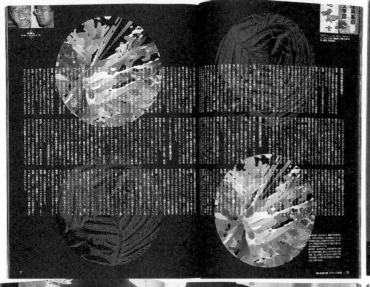

newedge

マルチ・メディアが創るポスト・サイバー・パンク

TEXTURE LUST '93

YELLOW MAGIC ORCHESTRA

brliant visons

新しいサウンドを彩る
現役デザイナーたちの枝

Graphiced

アートの最前線
としての
レコードジャケット

hdsges
rpbi

26

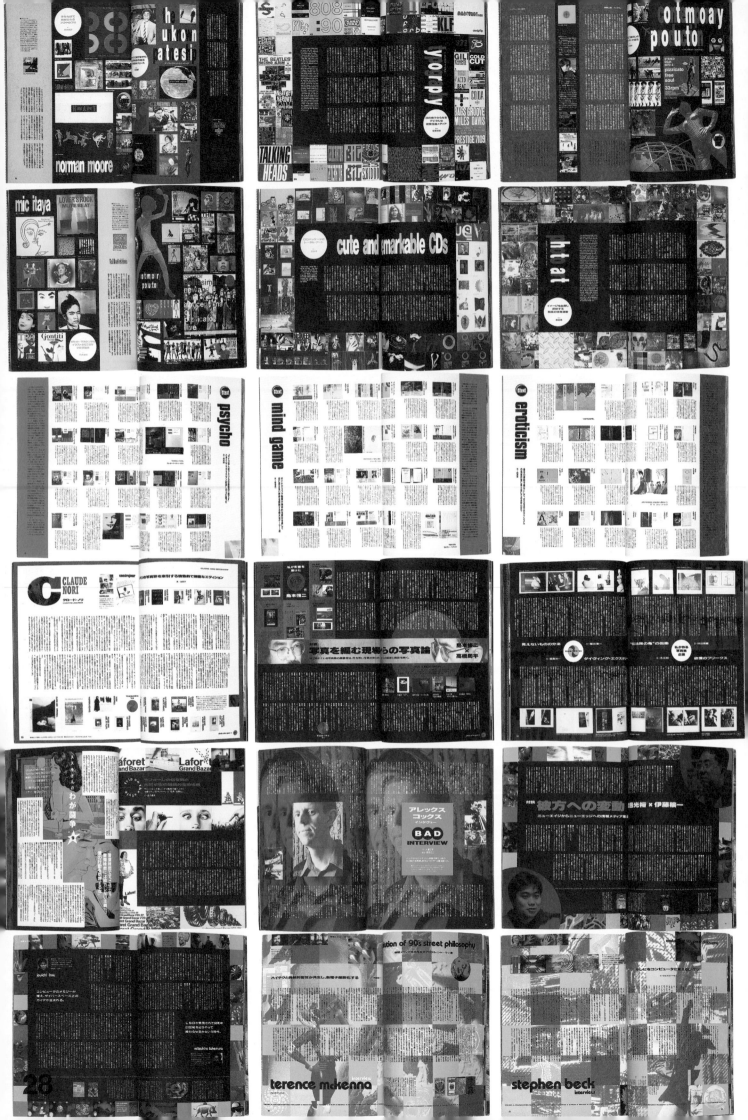

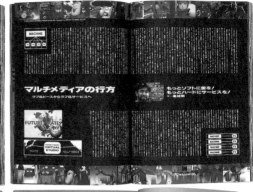

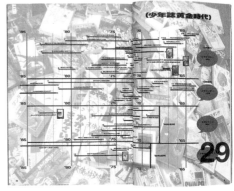

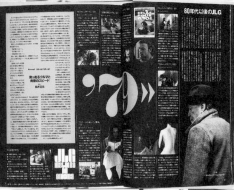

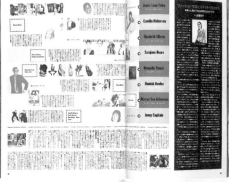

NEW MUSIC ENVIRONMENT '93

対談
聖者サイババが吹きぬける風

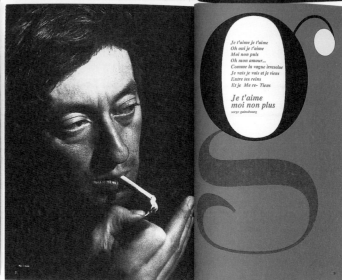

Je t'aime je t'aime
Oh oui je t'aime
Moi non puis
Oh mon amour...
Comme la vague irresolue
Je vais je vais et je viens
Entre tes reins
Et je Me re- Tiens

Je t'aime
moi non plus
serge gainsbourg

パンク再生
もう一度、退屈を燃やせ
ReBirth Punk

THE SUMMER OF LOVE

gainsbourgtory
ケンスブール評伝

1958〜63   1946〜57   1928〜45

谷岡ヤスジ

赤塚不二夫

bruce weber

ウェーバーが撮る、スーパーナチュラルの光

works for VERSUS / VERSACE JEANS COUTURE

cosmic birth

コズミック・バース

外と内の宇宙とガイアを結ぶビジョン

宇宙的覚醒

対談 楳図かずお 椹木野衣

食うか食われるかの恐怖と笑い

特集
マンガのパースペクティブ

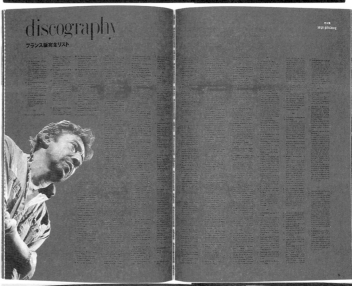

discography

フランス版完全リスト

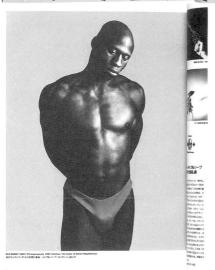

私が見たメイプルソープの '70年代

初期の作品の本質は名声を経て、別世界の輝きに変貌した。

文・リチャード・フレンツ

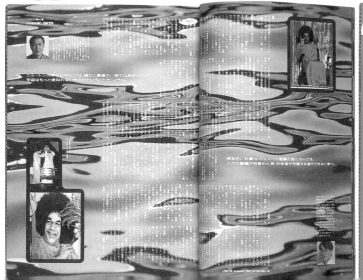

cosmic birth

Russell Schweickart

ラッセル・シュワイカート

映画『地球交響曲』から

特集
cosmic birth

野澤星録 Shigeroku Nozawa

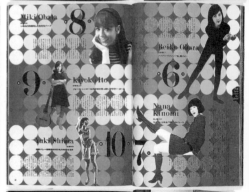

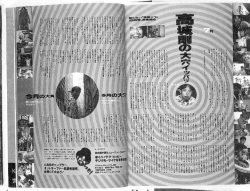

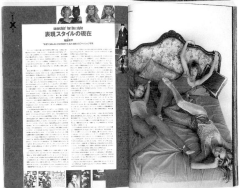

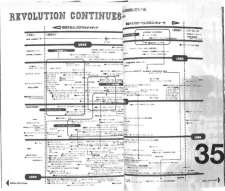

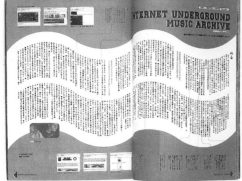

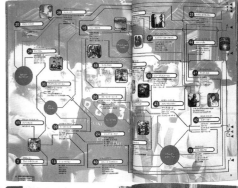

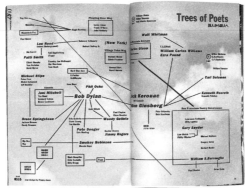
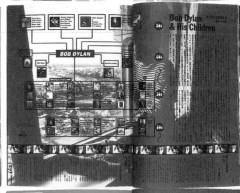

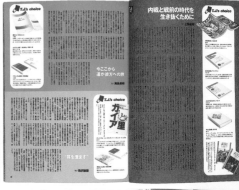

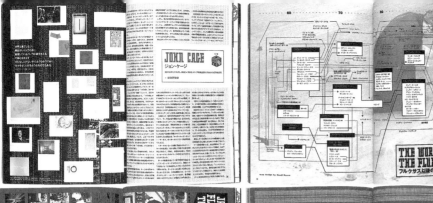
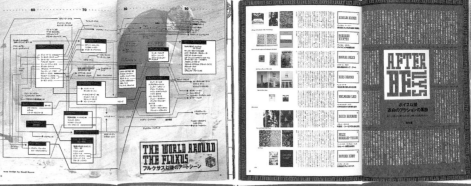

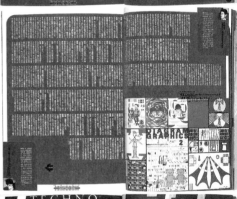

ON THE MOVE

移動し続けるジェネレーション

写真・マリオ・ソレンティ

MARIO SORRENTI

works for SHIMA HAIR

特★集

Hello! Andy

僕らはウォーホルの
作品世界に生きている

1987年2月22日、ウォーホルが死んだからはや7年。
この春、生地ピッツバーグに
「WARHOL MUSEUM」がオープンした。
ウォーホルは、
今、私たちのなかでどんな形で存在しているのか。
17年前、ウォーホル『Interview』誌の爆撃から始まった
スタジオ・ボイスが送る、原点回帰のウォーホル論。

Photo / Steve Schapiro / BLACK STAR / PPS

All my films are artificial, but then everything is sort of artificial. I don't know where the artificial stops and the real starts.

Smoking Women

スモーキング・ウィメン

Photographs by Peter Lindbergh

写真 ピーター・リンドバーグ

特★集

CINEMA STAFF CIRCUIT

シネマ・スタッフ・サーキット

もっと深く、映画を知るために

ALFRED HITCHCOCK / PPS

CHART OF STYLE

DRESS DOWN ↓
NO
THINK GLOBAL
BACK TO REALITY
VANITY
★ ★ ★ ★ ★ ★ ★ ★ ★ ★
RAW & GLAMOUR
SLACK IS BEAUTIFUL

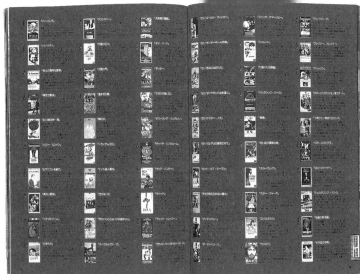

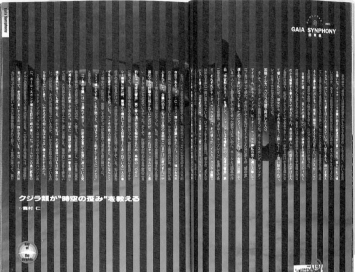

GAIA SYNPHONY

クジラ類が"時空の歪み"を教える

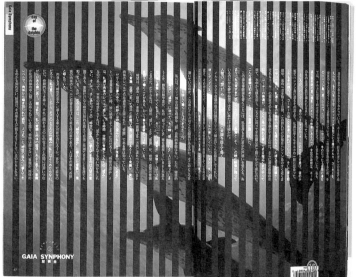

GAIA SYNPHONY

オートバイとサーフィンの詩学

風光に向って、エレンリンの記録を重ねた
オートバイに跨る
旅と海のパワーを全身で体験して
サーフボードに夢る
スピードがもたらす驚異と興奮
そして、今、旅の癒しの瞬間をむかえる
ターン・オン、チューン・イン、
ライド・オン！

特集　riyen

©CHARLES LINDSAY / © PHOTO INTERNATIONAL

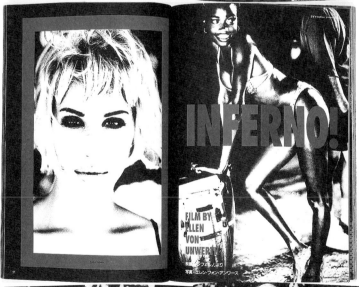

INFERNO!
FILM BY:
ELLEN VON UNWERTH

写真＝エレン・フォン・アンワース

Kodachrome TRANSPARENCY

If you want to know all about Andy Warhol, just look at the surface: of my paintings and films and me, and there I am. There's nothing behind it.

I like boring things. I like things to be exactly the same over and over again.

When you read Genet you get all hot, and that makes some people say this is not art. The thing I like about it is that it makes you forget about style and that sort of thing; style isn't really important.

I think everybody should be a machine. I think everybody should like everybody.

In the future everybody will be world famous for fifteen minutes.

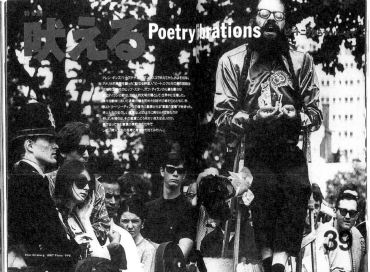

吠える　Poetry Vibrations

アレン・ギンズバーグがサンフランシスコで吠えてから、およそ40年。
アメリカが内包する怒り、"怒れる好青年"ビートニクたちの魂が頭をもたげる
人の内に秘められた真の叫びを、自由な愛を精一杯うたう彼らの情熱は
カウンター・カルチャーの礎を築きあげた"言葉の遺産"が甦える。
詩人たちのなかに脈々と流れる魂が、どのように受け継がれてきたか。
そして今、再び新しい風を吹き起こすのか。
感化された彼らの言葉に秘められた力とは。
いま、詩人たちの言葉から現在を読みとってみたい。

Allen Ginsberg, 1967 Photo- PPS

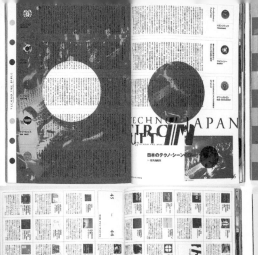
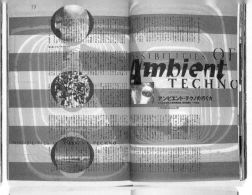

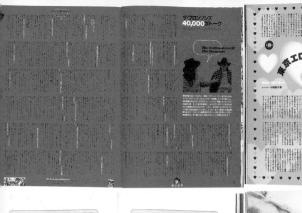

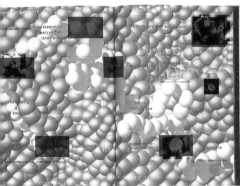

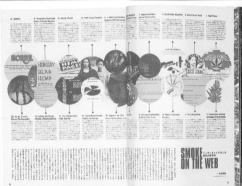

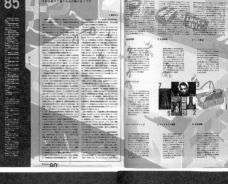

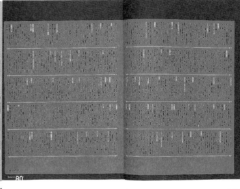

ポップシンガーが探し続けたもの

Smoker's Delight

特集▶マジカル・ハーブの新世紀

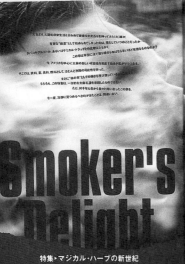

Photo-Nottinghill Carnival © Besser

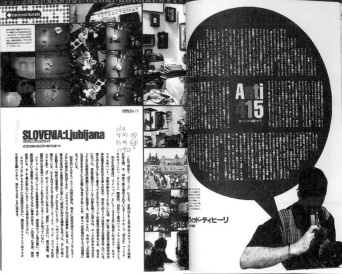

SLOVENIA:Ljubljana

スロヴェニア：リュブリャナ

Anti 415

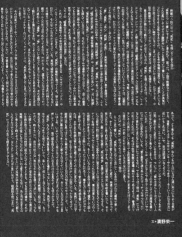

現在に「男気」は通用するのか

GIRL'S CREATION NOW

THE KIDS ARE ★ ★ ★ ALRIGHT!

特集
モッズたちの宇宙

COOL FICTION

特集★いま甦るハードボイルド・ワンダーランド

かつてその男は言った。
「男は、タフでなければ生きていけない。
優しくなければ生きる資格がない」
レイモンド・チャンドラーの説の中でそう言ったのは
タフでクールなロサンゼルスの私立探偵フィリップ・マーロウだ。
あれから、すでに40年以上の歳月が流れた。
いま、マーロウのような男はいるだろうか？
チャンドラーの意志を継ぐ者はいるだろうか？
もちろんハードボイルドと呼ばれるものの中に、
マーロウの末裔はいるはずだ。
しかし、それは探偵小説を受け継いだのは彼らだけではなかった。
「ブレードランナー」の舞台が「エル・ドラド」のように
SFやオカルト、あるいはアクション、コメディ、純文学にも
ハードボイルドは息づいている。
さらにジェイムズ・エルロイのように
「ハードボイルドの黄金期」の40〜50年代を
現代から焼き直す手法が現れている。
そして、ハメットやチャンドラーを生んだ「パルプマガジン」が
タランティーノやジョン・ウーによって再び注目されている。
あらゆる場所からマーロウへの逆襲が聞こえている。
言葉の意味は変わらない。「COOL」は続く。
時代はハードボイルドからポスト・ハードボイルドへ、
COOL FICTION!

this is modern times
オリジナル・モッズの時代

OBJECT
ロリコンと少女趣味の相関
文・村岡聖樹

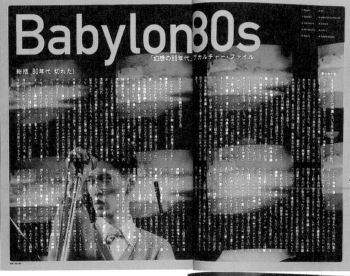

Babylon80s
総括「80年代」切れた！
「幻想の80年代」ブカルチャー・ファイル

"男はタフでなければ生きていけない"

❶「僕だって好きでやってるんじゃありませんが、ほかにすることがないからしかたがない。

❾「私はタフガイじゃない」と、私はいった。

「理由はない。ぼくは臆病なんだ」

works 45

特集 **Loud Minority** やられたらやりかえせ!

Photo by Hiromi Nagakura

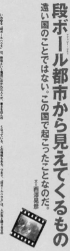

段ボール都市から見えてくるもの
遠い国のことではない。この国で起こったことなのだ。文/西澤晃彦

Loud Minority

TRF **36**

「小室哲哉」という名の
空虚なマジョリティ
文/三田格

特集●Cut Up Cinema!

進化する
『映画パンフ』
50選

17 **16**

特集●秘められた少女たちの暴力性

SADIE BENNING
LOUISE LECAVALIER
ROSAS
DANA CASPER-SEN
DANCERS:DIRECTORS
ROSE TROCHE
珍しいキノコ舞踊団

特集●DE KIDS

S SKATE ON THE WORLD
スケーター・カルチャーの形成と特質

46

特集 **Cut Up Cinema!**
90年代東京の映画環境はどうなっているのか

11

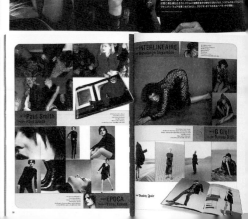

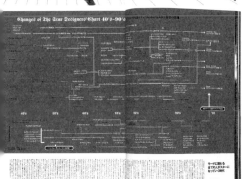

1994
Spring & Summer
Pour Homme

'96-'97
Spring & Summer
Pour Homme

1996
Spring & Summer
Pour Homme

Back Stage 1994-1997
Yohji Yamamoto
7 Collections (homme&femme)

1996
Spring & Summer
Pour Homme

1997
Spring & Summer
Pour Homme

1997
Spring & Summer

'96-'97
Homme & Femme

Back Stage 1994-1997
Yohji Yamamoto
7 Collections

Delicious Gossip!

Fashion Lover's Talk

Das Doppelleben Gianni Versace

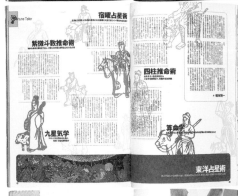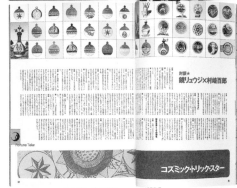

52

Martin Margiela

Martin Margiela

Martin Margiela : Endless Thread

text by Sydney Picasso

to P28

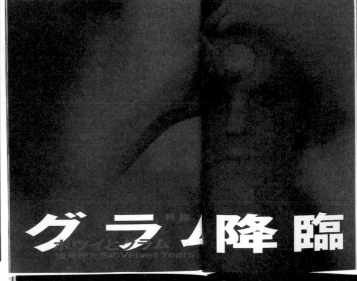

特集
グラム降臨
50 Velvet Years

Glamorous
Fallen★angels

David Bowie
Album History

50
Glamorous
Discs

Heroes of Glam Years
David Bowie, Iggy pop & Lou Reed

SLADE SHOOTING A HOAX !

director of
VELVET GOLDMINE
Todd Haynes
Interview

David Bowie

**Roxy Music
(Bryan Ferry)**

Marc Bolan

GLAM & FASHION

**Mick Jagger
& YvesSaintLaurent**

T REX

60-90's Glamorous Connections

HARD ROCK — POP — POST ROCK

WELCOME

Alien from
Mars

異星からの客たち

55

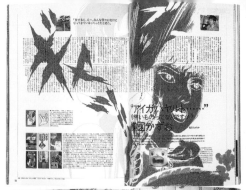

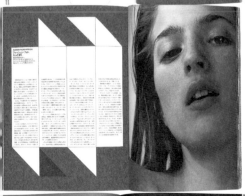

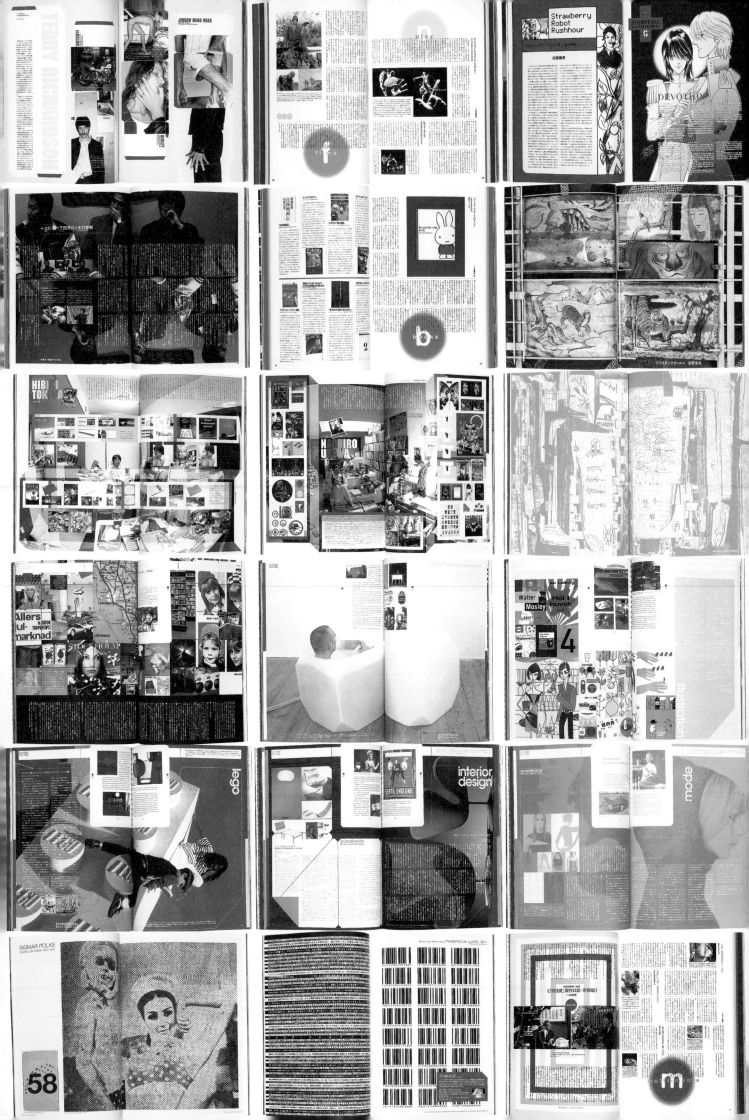

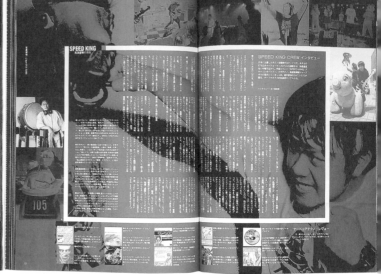

A Cindy Sherman Film: OFFICE KILLER

自身の感覚はシネマスコ…（illegible Japanese text）…

Leos Carax   'Pola X'

Leos Carax

HYPER-
ARCHITECTURE

STV VOL.269 DECEMBER 1999 特集
超巨大建築、あるいは建築の超越性

PAOLO SOLERI

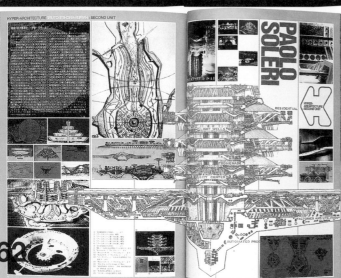
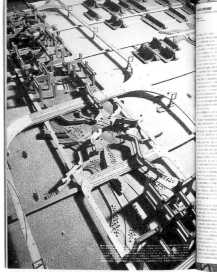

62

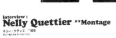

DOWN TO EARTH

PHOTOGRAPHY / DAVID BURTON
STYLING / SARAH RICHARDSON

HOUSE OF IMAGES

Interview :
Nelly Quettier **Montage

Interview :
Marion Stalens **Photographe

Au milieu du chemin de notre vie
je me retrouvais dans une forêt obscure
car la voie droite était perdue.
Ah dire qu'elle était chose dure
cette forêt féroce et âpre et forte
qui ranime la peur dans la pensée

Et comme celui qui hors d'haleine,
sort de la mer au rivage,
se retourne vers l'eau périlleuse et regarde,
ainsi mon âme, qui fuyait encore,
se retourna pour regarder le pas
qui ne laissa jamais personne en vie.

LEBBEUS WOODS

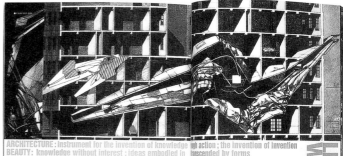

ARCHITECTURE : instrument for the invention of knowledge in action ; the invention of invention
BEAUTY : knowledge without interest ; ideas embodied in transcended by forms

LEBBEUS WOODS

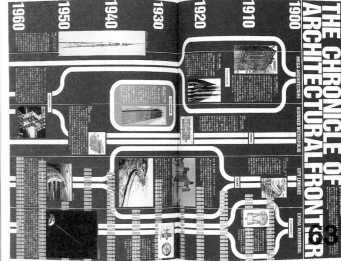

THE CHRONICLE OF ARCHITECTURAL FRONTIER

MEGA ARCHITECTURE
VISIONDEO METROPOLIS

1900 1910 1920 1930 1940 1950 1960

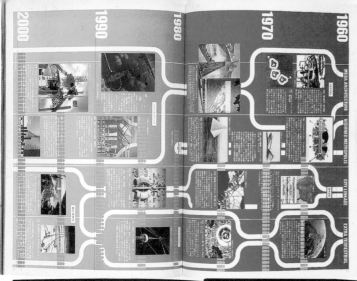

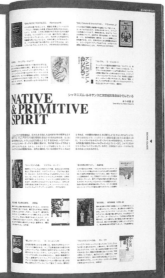

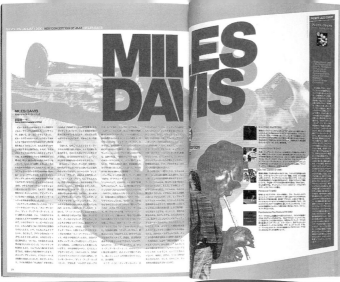

MILES DAVIS

SUN RA

FREE JAZZ

JAZZ ROCK

CLUB JAZZ

UNTIL

SUSTAINING PLANET EARTH

テクノロジーとエコロジーが出会う場所で

TECHNOLOGY & ECOLOGY

TECHNOLOGY & ECOLOGY

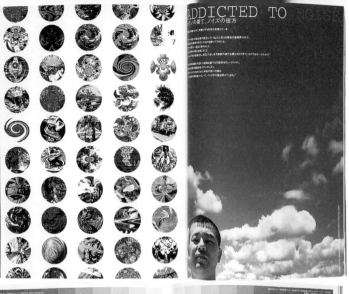

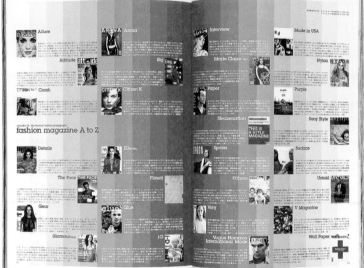

the front of fashion photography

VISIONAIRE'S FASHION 2001
edited by Stephen Gan

NAiyMA

TOKYO fashion designer's favorite ART

KEITA MARUYAMA
TOKYO PARIS

MARC NEWSON

LUIGI COLANI

PARIS
/JAKOB&MCFARLANE

ARCHITECTURE

NY
/FRANK O. GEHRY

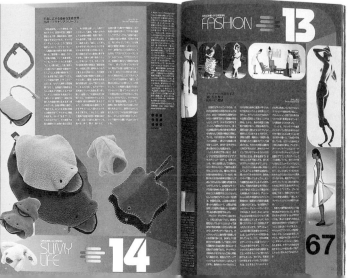

FASHION 13

SLIMY LIFE 14

67

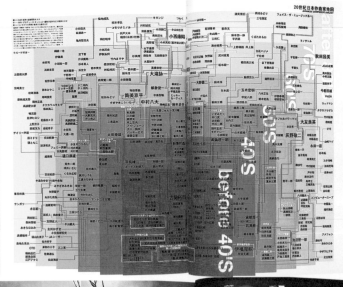

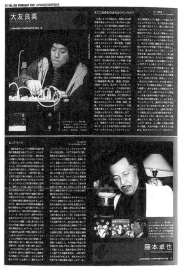

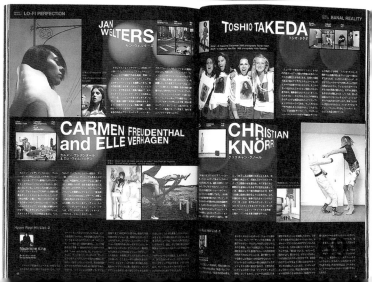

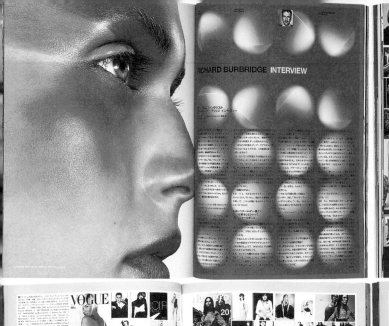

LONDON / GILES DEACON

LONDON / SAM GAINSBURY

LONDON / ACNE INTERNATIONAL

LONDON / NICOLA FORMICHETTI

things we can't live without

ACNE

Vivienne Westwood Gold Label

Y's/Y's for men

Chloé · **WOLFGANG PROKSCH**

GUCCI

SISLEY

VALENTINO

UTH

VIVIENNE TAM

ART

BOOKS / PLAY / FILMS / ART / MULTI MEDIA / MUSIC

SV CUT UP

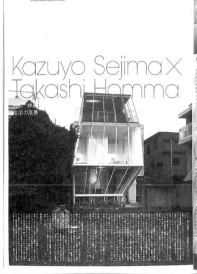

Kazuyo Sejima × Takashi Homma

Sweet Home

Périphériques

One Architecture
ワン・アーキテクチャー

NL Architects
NLアーキテクツ

from Netherlands

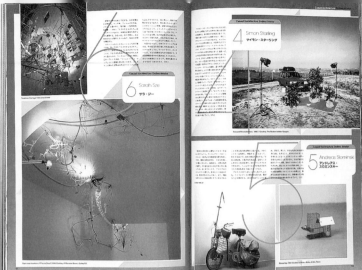

HIDEAKI SATAKE ×
NORIYUKI TANAKA
COLLABORATION IN BLANCO DAIKANYAMA

PAUL SMITH WOMEN

DIESEL

HOUSE OF IMAGES featuring **6** SHOP DESIGNS

POST HOLLYWOOD

Alexander Payne
Lesson 12

Trey Parker & Matt Stone
Lesson 13

Farrelly Brothers
Lesson 10

Neil LaBute
Lesson 11

JELLO BIAFRA DISCOGRAPHY

INTERVIEW
WITH
SARAH

ディレクター サラが語るコレット

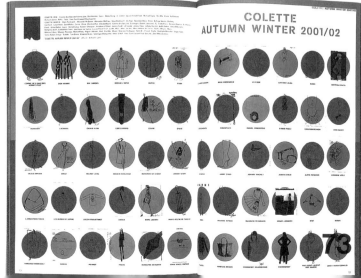

COLETTE
AUTUMN WINTER 2001/02

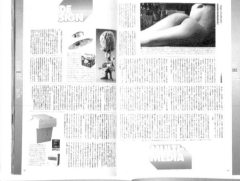

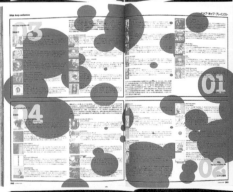

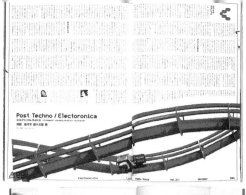

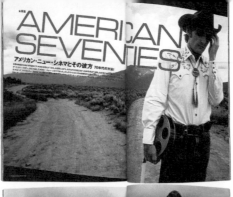

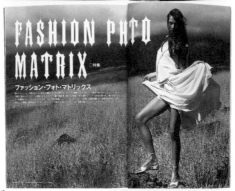

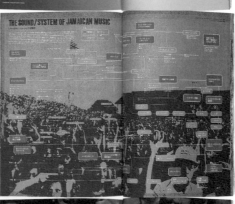

BRUTUS 1/15 本体450円
スタイルのある家に住みたい！
あの人の時計が気になる。
武"HANA-BI"を語る

BRUTUS 1996 11/1 定価450円
Oscar Tusquets
Christian Portzamparc
Osamu Ishiyama
Mark Mack
有名建築家が作った集合住宅情報。

BRUTUS 1996 12/1 本体450円
香港最終案内 この店でこの一品
97年6月30日、あなたは何を食べますか？

BRUTUS 1998 12/15 本体450円
『神々の指紋』を読みましたか？

懐かしいのに新しい!? イタリアンの真実を教えます 日本人旅行者急増中！

BRUTUS 1997 10/15 本体460円
日本映画を観ないのは

BRUTUS 1997 9/1 本体460円
1960 1928 1969 1954
1949 1964
1985 1970's
1951 1964 1971 1969
復刻品カタログ
20世紀のデザインを考古学する。

BRUTUS 1997 9/15 本体500円
"パスタの王様"ブオナッシージ氏が来日、東京・関西の有名イタリア料理店を斬る！
日本のパスタは、本物なのか？

BRUTUS 1997 8/1 本体460円
特選・トルコ漫遊13日間の旅
そうだトルコへ行こう

宅版 ワイン特集 居住空間学'97 ブルータスのカーレポート '97春のファッション大特集

BRUTUS 6/15 本体550円
あのヒュージョンの鈴木保奈美さんのために選んだワイン。
なにしろ赤ワイン好きなもので。

BRUTUS
骨董を選ぶ、土産物を吟味する、貝殻や動植物を飾る。パリで話題の新感覚インテリア アンソリットとは？
インテリアは、知性の時代になりました。

BRUTUS 1997 5/1 本体460円
欧米のユーザー、ディーラー、評論家にきいた
日本車の評判。

●日産マーチは"ラテン的"であると、イタリア人は考える。
●LAの中古車屋では19年落ちのアコードとBMW528が同じ価格!?
●世界的トレンドか？ 最近パリやLAでRAV4をやたら目にする。
●ホンダNSXが、独のポルシェ・クラブで共同購入された理由。
●ライバルはベンツSクラス、BMW7シリーズ、と米国のセルシオ・ディーラーは語った。
●英国でが神様レンジローバーに肉迫する高品質のニッポン製4WD。
●日本のスポーツカーが死んでいく、と日系米国人ジャーナリストが嘆く。
●走った、見た、会った。ミストラル地中海を巡る。
次々に登場するコンバーチブル外車図鑑

BRUTUS 1997 4/1 本体500円
間違っていませんか!? あなたのスーツ選び。
BUSINESS SUITS STYLEBOOK

ーを知らない男なんて… ブルータスのデザインアワード'97 ワインもいいけど、日本酒もね！ 恋するマッサージ！

BRUTUS 2/15 本体50円
宮中の料理人 渡辺誠氏が、日本最高の食卓作法を教えます。
もし、あなたが天皇陛下に招かれたら!?

BRUTUS 1997 1/1・15 本体450円
世紀末のスタイルは、アグリーでバッド。だから、
グッド・デザインは、もう要らない!?

BRUTUS 1996 11/1 特別定価500円
ワイン好きだから、もっと、日本酒を！

●ワイン世評家、ロバート・パーカー氏が、日本酒200本を採点！
●「日本酒に近いワイン、ワインに近い日本酒」を求めて、世界一のソムリエ、M・デル・モネゴ氏来日。

BRUTUS 1998 11/15 本体460円
恋愛に似ていませんか？

85

BRUTUS

1990 10/15 定価460円

ペリアンを
知っていますか？

BRUTUS

1990 9/1 定価460円

不思議の治し方、教えます

電車でGO!?

温泉の効能や、夕食の豪華さだけで、あなたは旅館に満足できますか。

BRUTUS

注文の多い
日本旅館!?

温泉の効能や、夕食の豪華さだけで、あなたは旅館に満足できますか。

BRUTUS

1990 9/15 定価460円

BRUTUS

らけるフランス狂い

フランス商品学。

なにしろフランスかぶれなもので！

BRUTUS

1990 5/15 ¥460円

好景気のイギリス。仕掛けたのは、誰だ!?

BRUTUS

これだ！日本男子改造講座

Stylebook 1998
Spring&Summer

1998 4/1 特別定価500円

なぜ、日本男子はカジュアルが下手なのか！
最高の男には、最高のスーツ

BRUTUS

エアラインの正しい選び方。

1990 4/15 定価46

間違いだらけの
エアライン選び!?

BRUTUS

イン・イタリー カタログ

ッ！中田選手の
ータイ。

ベルージャ会長から中田選手が記念にもらったあのフェラーリの携帯電話だ。

*Made in Italy
Catalog*

BRUTUS

伝説のカタログ、23年目の復活

1990 1 1・15 合併号 特別定価780円

1998

再び、
Made in U.S.A.
Catalog

もはや信仰と化した、
米国のオーガニック熱。

やっぱり気になる
ニューヨークの動き。

Give Us MORE Gossip!

BRUTUS

ハリウッド"噂の真相"

1990 12/15 特別定価500円

The Hollywood
Love Map

The Paparazzi Toolbox
The Stars **in Jail**
Are They Really Dumb?
They Shop 'till They Drop

Boobs, Butts
and Chins-
The Stars' Doctor Tells All

20世紀最後の映画特集

The Stars Party
Hard All Night!
True Stories
from Celebrity Report
The Terrible Things
Only They Know

BRUTUS

2000年のハウジング情報。

1990 12/1 特別定価5

小さくてわがままな家
「センセイじゃない建築家リスト付」

東京23区に
家を
建てられますか？

BRUTUS

まれた名画
！

86

BRUTUS

Kyoto a Go Go!

1999 9/15 460yen

Welcome to Ocha-ya
Wonderland!
How much for tea?
It's Hot Members Only?
Hey, Geisha Girl,
Franky goes to Gion.Wow.
We Check Out Pontocho,
Miyakawacho &
Komishichiken.

Nightclubbing in
Kyoto
for beginners.

なぜ、男は京都が苦手なのか。

BRUTUS

東京愛人スタイル

1999 8/15 定価460円

最近、あなたの隣で愛人の話をよく聞きませんか。恋愛と一夫一婦制は、昔から波乱含み。今、急に数が一気に増えたわけではありません。週刊誌やワイドショーのネタにはならなくても、カミングアウトするフツーの愛人が増えています。もう結婚が恋愛のゴールだなんて誰も思っていないもの。だから、私は愛人であることを隠さない。

BRUTUS

ハワイにも、バリ島にも、ある!?

1999 7/15 定価4

どうせなら
日本人のいない
リゾートへ。

BRUTUS
1998 8/15 定価460円

失われた
映画を求めて。

日本未公開、未完成、フィルム消失……

BRUTUS
1998 7/1 定価460円

君は、ゲバラを見たか!?

BRUTUS
1998 7/15 特別定価500円

接待ではないのですが、

私たちも料亭に
行っていいですか!?

BRUTUS
1998 6/1 定価460円

次に買うのは、
どのクルマですか!?

PRICE	SIZE	DESIGN
OPINION	INTERIOR	ECOLOGY
COLOR	STATUS	SPEED
? 21st CENTURY	POWER	FORM
INTELLIGENCE	ECONOMY	CHARACT

BRUTUS
1998 3/15 特別定価500円

最強のワイン特集! 第3弾

イタリアワインの
教科書。

Wine Bar Tasting
Book 3

BRUTUS
1998 2/1 定価460円

英会話でニッポン案内

「ナゼ?」
「ドウシテ?」と
外国人に
きかれたら!

あなたはニッポンを
説明できますか?

Moshi
Moshi

BRUTUS
1998 2/15 特別定価500円

史上最強のワイン特集! 3号連発

やっぱりワインは、
フランスです。

Wine Bar Tasting
Book 1

BRUTUS
1998 12/1 定価460円

間取り図、入居案内付き

一生、「家をつくらない」ということ?
スタイルのある
集合住宅情報 ③

BRUTUS
1998 11/15 特別定価500円

あなたはクルマで幸せになれますか?

毎月10,000台も
売れている
ドイツを基準に
クルマを選ぶと!?

BRUTUS
1999 11/1 特別定価500円

とっておきの焼肉屋、あります?

人はなぜ、
焼肉屋を
教えたがるのか!?

BRUTUS
'99-'00秋冬のファッション特集

世界は、あなたを見つめている。

STYLEBOOK 2000

BRUTUS
1999 10/15

秋のG1を100倍楽しむ法。

なぜ、エルメスや
フェラーリは、
馬にこだわるのか!?

BRUTUS
1999 7/1 特別定価550円

ありませんか、日本人の時計選び。

ロレックス サブマリーナ
ロレックス エクスプローラー

ロレックスが一番と
思っていませんか!?
が時計選びの世界基準です。

BRUTUS
1999 6/15 定価460円

満足できるレストランの条件

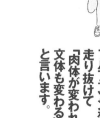

いまどき
「いい店」って
何ですか?

予約がとれないから、
3000円以下だから、
海外で修業したシェフの店だから、
それだけで?

BRUTUS
1999 6/1 定価460円

村上春樹は、なぜ走りつづけるのか!?

村上春樹さんは、
16回の
フルマラソンを
走り抜けて
「肉体が変われば、
文体も変わる」
と言います。

BRUTUS
1999 5/15

世界初のエルメス全商品カタログ付き

3年待っても
ケリーバッグが
欲しい理由。

87

BRUTUS-JAPON

BRUTUS
1999 5/1 特別定価600円

白ワインの
教科書。

BRUTUS
1999 4/15 本体価格460円

SILVANO MAZZA　EDWARD GREEN

靴は、
ブランドで
選ぶ。

この違いがわかりますか？

BRUTUS
1999 4/1 特別定価550円

ブランドは、
スタイルを作りますか？

BRUTUS
1999 3 本体価格4

Aging Stylebook
200X

私たちは、
ビートルズを口ずさむ
老人になる。

BRUTUS
1999 8/1 特別定価500円

BRUTUS

2001年 麺の旅。
2001: A NOODLE ODYSSEY

1/1・15合併号 本体価格500円

BRUTUS
2000 2/1 本体価格460円 秋

PRADA
MILANO

OPENING SOON

本当のプラダを知ってますか？

売れてるシブヤ大研究

BRUTUS
2000 2/15

シブヤ資本主義。

ニな現代美術111人特集

BRUTUS
2000 4 15 本体価格500円

布館になくても、
科書に載ってなくても、
れって、

アート!?

---

eブランドの取扱説明書

BRUTUS
2000 5/15 本体価格460円

3か月以内に
ゲーム機が
10円になる!?

BRUTUS
START

68ブランドの21世紀モデルを全公開。

BRUTUS
2000 6/1 特別定価500円

日本人はブランドでしか
時計を選べないのか!?

あ、カレー食べよ! 156軒

BRUTUS
2000 6/15 4

インド人もビックリ!
日本人は世界一の
カレー好き!?

ベトナム時空ガイド

BRUTUS
2000 9/15 特別定価500円

ベトナム百年旅行記。

2009年まで見納めの世界遺産。

BRUTUS
2000 10/15 本体価格600円

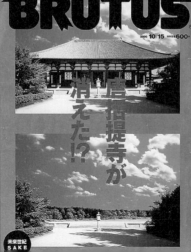

唐招提寺が
消えた!?

未来世紀
SAKE

10人の建築家が建主を募集します。

BRUTUS
2000 11/1 本体価格600円

安藤忠雄
伊東豊雄
岸 和郎
北山 恒
玄・ベルトー・進来
高松 伸
内藤 廣
難波和彦
早川邦彦
横河 健

安藤忠雄が
あなたの家を
建ててくれます。

誰にでも分かる!/漫画でカブキ付き。

BRUTUS
2000 12/1

歌舞伎ブ

BRUTUS

1999 2/15 定価460円

プロレスは死なない!?

20世紀最強の鉄人ルー・テーズが、緊急来日。
激動の日本のプロレス9団体を観戦する。

BRUTUS

1999 3/1 定価460円

27人の美食家にききました。
馴染みの寿司屋を教えたくない理由!?

BRUTUS

1999 2/1 定価460円

私、こんなに日本好きなんです。
シラク大統領から、チャチャちゃんまで。

ニッポン贔屓
チャチャチャ

BRUTUS

おいしいワインは、街の酒屋さんに聞け!
川島なお美さんは、何を飲んでいるんだ？ そして、

1999年
ワインに何が起こるのか!?

1998
BRUTUS
POMEROL
Grand Vin

BRUTUS

2000 3/1 定価460円

サイナー、ブランドが貴方を求む！

こんな仕事なら
今すぐ転職したい！

求人情報。

BRUTUS

2000 4/1 本体600円

スタイリッシュって何ですか!?

流行通信　マジ!?

BRUTUS

2000 3/15 本体600円

21世紀に残るワインバー ガイド付き。

ワインブーム終結宣言!?

もう、当り前のワイン生活

BRUTUS

2000 5/1

地球のどこかにある51の島

たった一つのホテルがある島へ。

ONE ISLAND, ONE RESORT

BRUTUS

2000 7/1 定価500円

ナニ！ 男のブライダル

結婚？

BRUTUS

2000

「うつかは湘南」という貴方へ。

湘南に住むということ。

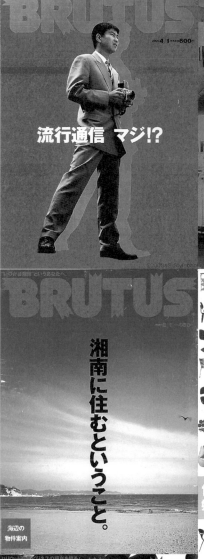

海辺の物件案内

BRUTUS

2000 8/15 本体600円

20世紀ベストオブチェア

世界でいちばん
好きな椅子。

BRUTUS

2000 9/1

鉄腕アトム から 名探偵コナン まで

アニ

発表！
20万人が選ぶ
日本のアニ
BEST100

BRUTUS

2000 12/15 定価460円

は、アジアからハリウッドへ。

キムタク 聖林へ行く？

HOLLYWOOD

BRUTUS

ハリウッド 映画ビジネスの硬さを探る

スコセッシさん、デカプリオさん、

映画は、儲かりますか？

BRUTUS

12/1 550円

スタイルで選ぶ温泉ガイド？

恋する♥温泉！

温泉を選ぶ基準は
「いい風呂」「おいしい食事」
だけではありません。

BRUTUS

2000 11/1

タカラジェンヌ完全名鑑付き。

なぜ、
タカラヅ

89

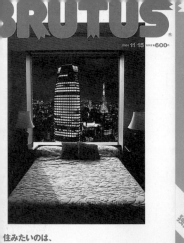

BRUTUS
2001 11 15 定価600円

住みたいのは、
眺めのいい集合住宅。

BRUTUS
2001 9 15

お茶会していいですか？

BRUTUS
2001 10 15 550円

世界が語った。
日本代表、
この11人で戦え！

フランチェスコ・トッティ
独占インタビュー

LEONARDO
NASCIMENTO
DE ARAUJO

ROBBY
CHARLTON

CARLOS CAETANO
BLEDORN VERRI
(DUNGA)

DRAGAN
STOJKOVIC

FILIPPO
INZAGHI

BRUTUS
2001 10 1 定価650円

What's "STYLE"?

記念特別企画!!

BRUTUS
2001 6 15 定価500円

ウォッチ好感度ランキング。

欲しい時計！
いらない時計？

BRUTUS
2001 6 1 定価460円

今、病院のホスピタリティーが変わる！

どうせなら
デザイナーズ病院？

2003年倉敷に完成予定、
サイトウマコトさんデザインの病院模型

BRUTUS
2001 5 15 定価460円

日本、海外160種類の共演！

SUSHIの次は
DONBURI世界進出？

BRUTUS
2001 4 15

レクター博士、おまえは誰だ？

君はハンニバルを見たか！？

のボランティア。

BRUTUS
2001 2 1 定価460円

この一冊で
百円
寄付。

あなたが
誰かを助けてる。

BRUTUS
2001 11 15 定価650円

予約の取れないレストラン最新ガイド付き

First Class
Fast Food

贅沢なひと皿完結料理

スローじゃなくて、ゴメンね！

上記5店の「特別メニュー for BRUTUS」が12月15日スタート!!

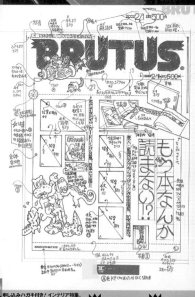

BRUTUS
2001 2 1 定価500円

もっと本を読まんか！？

BRUTUS
2001 2 15

おいしい！ 楽しい！ 気持イイ！

吉祥招福
台湾！

BRUTUS

やっぱ、
野菜でしょ！

今、世界の一流レストランの主役は？

EGG PLANT
RADISH
PEPPER
LETTUCE
CELERY
CUCUMBER
SQUASH
BUSH BEANS
PEPPER
SQUASH
CELERY
SWISS CHARD
LETTUCE
PARSNIP
RADISH
CELERIAC

バーゼル＆ジュネーヴ新作時計特集！

BRUTUS
WATCH OUT!
2002 6 15 定価500円

ウォッチ仮面、
お前はどの時計を
選ぶのか！？

申し込みハガキ付き！ インテリア特集。

BRUTUS
2002 5 1 550円

あなたの部屋を
デザインしてくれます。

話題のスペースを作った
人気デザイナーが

片山正通
インテンショナリーズ
鄭秀和
エグジット
メタルワークサプライ
小林恭
瀬川勉
五十嵐久続
辻村久信
グラフ
吉岡徳仁
マーク・ニューソン
ロス・メネス
リチャード・ハッテン
ニック・タイン
スノークラッシュ
ヴァルフォモ
マイケル・ヤング
ジョッス・
リンドファル

500号
記念特別企画!!

SPACEトラベラーズBOOK付き！

BRUTUS
2002 5 15

2020年、
今度は本気で月旅行！

90

BRUTUS

21世紀の
いい会社、
悪い会社？

イタリアかぶれ
2001

? ? ?

TOKYO
SIGHTSEEING

★1000YEN DINNER
★HOTEL
★GYORETSU
★SOUVENIR
★KARAOKE
★PUBLIC BATH
★ART
★YAKATA BOAT
etc.

外国人を喜ばせる
「TOKYO見物」

癒しの聖地
標高1,000mの
リゾートへ。

ソニーが家を
作ったよ!?

Is it a Sony?

やっぱり
「クルマは人生」
ですか？

予約の取れない
レストラン

TOKYO経済は
ストリートが作る

あなたが乗っても
いいクルマ！
ダメなクルマ？

Fun To Wear !

I'S MAGIC LOVE

やめられませんネ♥
バリ島は…。

何よりも
まず音楽を！

ルイ・ヴィトンの謎

ワシたちも
ゲージツなのだ！

91
日本美術？ 現代アー

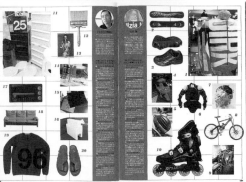

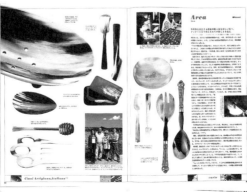

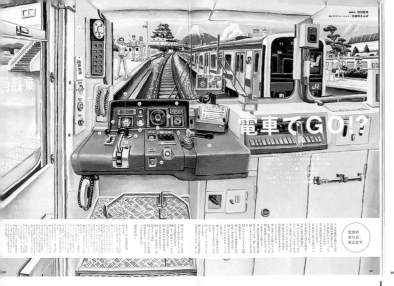

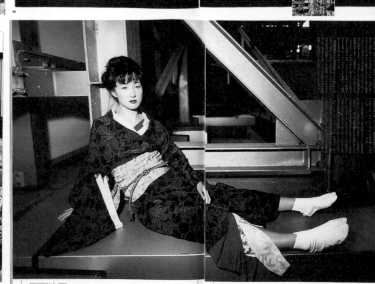

02 行き着くところは乗り心地　すべては系列で決まる。

東海道・山陽新幹線

01 ひと言で新幹線と言うなかれ。新幹線はこんなにも違う。

エッ、知らなかった！新幹線（東京〜新大阪）の正しい乗り方、教えます。

●'98世界一のソムリエ、マルクス・デル・モネゴ氏
日本酒はいかが？

"wine lovers for sake"

あのM・モンローもいかせた浪越先生、指圧の心は、恋にも通じますか!?

指圧の心母心

ザ・ゴッド・フィンガー

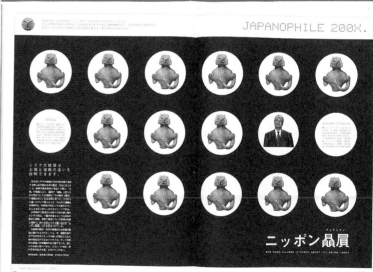

こんなこと教えたくないのですが、マッサージが口説きになる方法!?

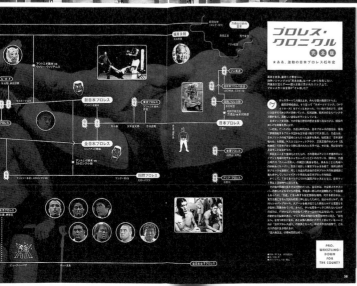

公営集合住宅は未来の住スタイルへの解答なのか。

JAPANOPHILE 200X.

ニッポン晶屓

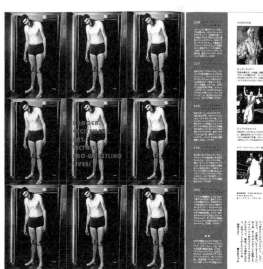

プロレス・クロニクル 完全版

★ああ、激動の日本プロレス45年史

8 第1回出けアメリカンプロレス お酒選グランプリのはっぴょ〜！

99

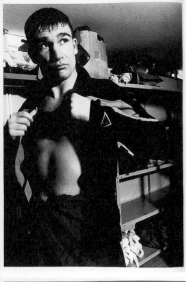

ピーター・アーツ、着る。

Photo Hiroshi Homma

足元のフィロソフィー

LA VÉRITÉ D'HERMÈS

3年待っても、ケリーバッグが欲しい理由。

なぜか老舗には、数字がつきものです。

Commande Spéciale

「あなたのワガママをすべてかなえ ます」
目標は、CS120%なのですか？

LA VÉRITÉ D'HERMÈS

007

Créations Spéciales

人を喜ばせるツボを心得てます。
だからこんなモノを作ってます。
ただし、もう入手不可！

LA VÉRITÉ D'HERMÈS

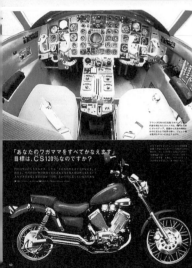

'98 '97 '96 '95 '94 '93 '92 '91 '90 '89

Why is this man running?

classified DOMESTIC

こーゆー映画は劇場で観なくては、ては

GLORIA — GENA ROWLANDS

モンティパイソン大全

白ワインを忘れていた理由!?

Did you say white wine?

Élégance et avant-garde

100年前のバッグも廃版にはしません。デザイン哲学は、コンサバとアバンギャルドの同居です。

デュマ社長、なぜ絵日記をつけるのですか?

Son carnet de croquis

LA VÉRITÉ D'HERMÈS

---

la Trouvaille

パリはヴィンテージ・エルメスの宝庫です!

LA VÉRITÉ D'HERMÈS

村上春樹 走りのクロニクル

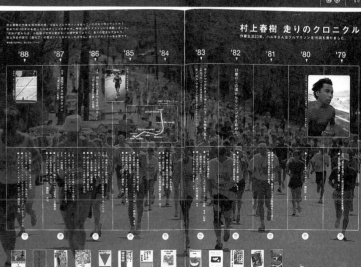

why is this man running?

BODY X MIND

「身体意識」が変われば「作品」も変わる!?

02 ゴルフ X 棋士

居合 X バイオリニスト

01

101

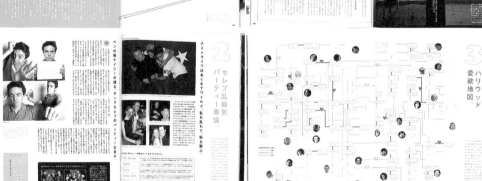
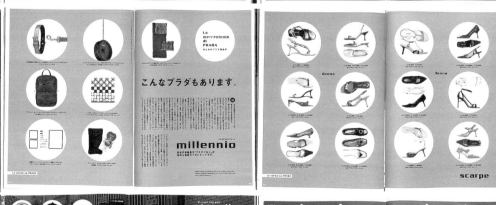
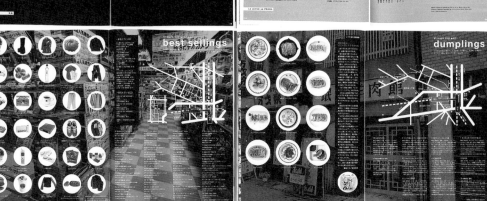

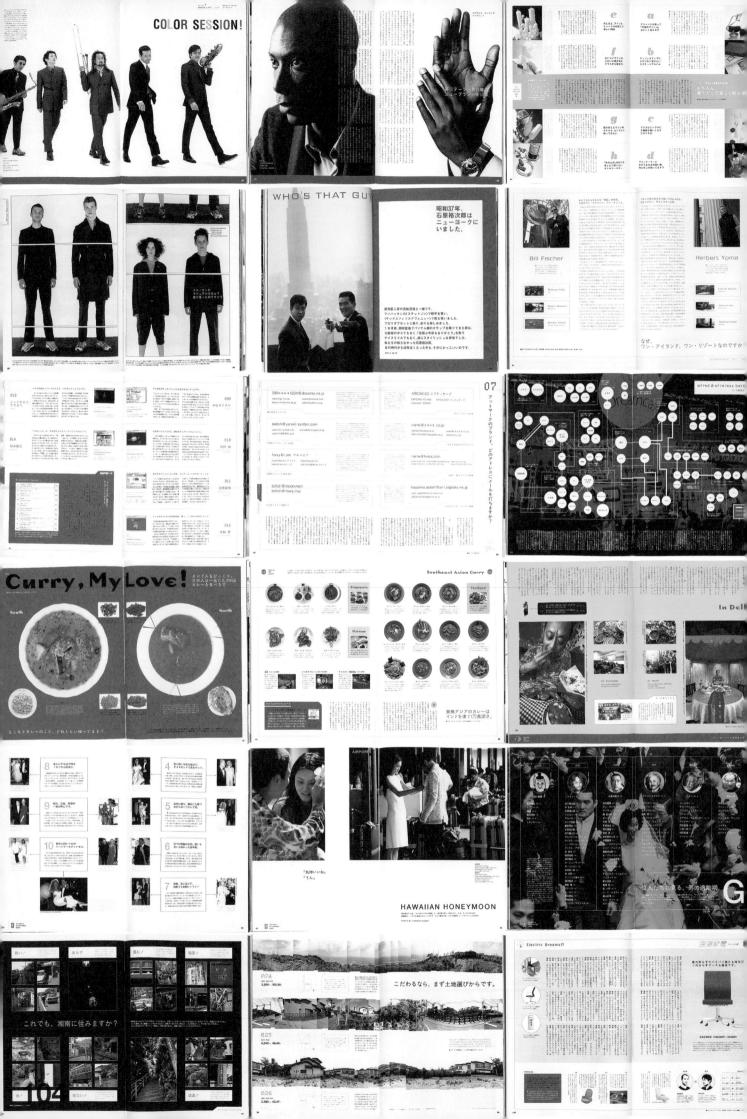

"WHAT'S "REAL STYLISH"?

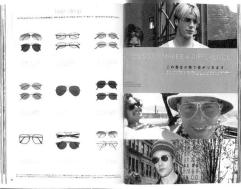

tear drop

point it

The Necessities of Island

e-brand instruction kit.

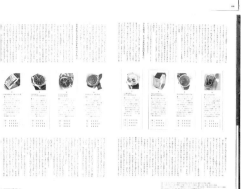

KEEP YOUR WATCHES AS A MEMENTO

THE WATCH IS NOT GOING

In Chandigarh

Are You Hungry?

Curry Paradise @ India

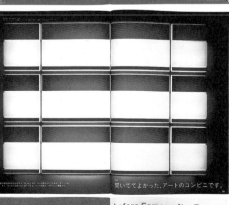

Interior

Cinema

before Eames, after Eames

the serial collector

105

世界は、アニメで回っている。

ANIME DU MONDE

気づいていますか？ 25年目のゴルフは、大変な冒険を始めています。

ベトナム百年旅行記。

サイゴンが「国に貢いだ」ものとは、いったい何だったのでしょう？

JEREMY KLEIN

OLIVIER KURTZEL & FLORENCE DEGAT

CHRISTOPHE LEMAIRE

EL ULTIMO GRITO

PLAN DE HANOI

SE DÉPLACER

特製「BRUTUS号」を
探してください。
もちろんこの猫とチョーしながら。

---

6 DA LAT

高原の松林に住む白亜の兄弟ホテルは
「天上の楽園」という夢の名残なのです。

SOFITEL DALAT PALACE

NOVOTEL DALAT

カレー天国!! vol 38 札幌編

MAGIC SPICE

スープカレーは
おいしい恋の味？

l'écoulement des quatre saisons

店招提寺には四季折々の美空間があります。

souvenirs, à votre goût

うちわからお守りまでお土産グッズも盛りだくさん

TÔSHÔDAI-JI

高松さん、最近の建主はおとなしくなったと思いませんか？

3

Shin Takamatsu

健全な「カン」は健全な肉体に宿るのですか!?

Gimme right intuition! '001

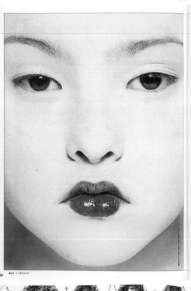

カブキメークはモードの最先端です。

TOPOLINO

One day at your home

Merry Christmas

Living Room

Girl's Room

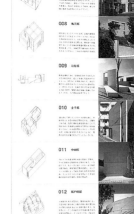
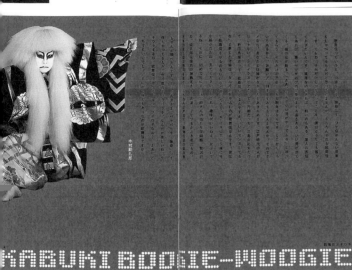

1,000m⁺ TRIPPIN'HIGH!?

聖地もリゾートも、標高1,000mにありました。

First Class and Coach

An affordable Japanese-style "Ryokan".

Tokyo from 50 stories on high.

ここから、かぶれはじめてみてくだ…

MILANO　　　ROMA

TRIESTE

VISSANI

「素材は楽器、メニューはスコア。そして料理は魂のシンフォニーだ」

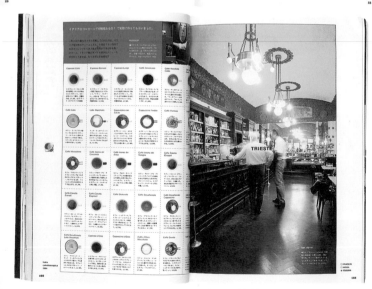

ODOGU —— なんちゃって、あるいは正統モダン!?

FLOWER —— 茶花も遊んでいいですか？

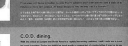

UX BACCHANALES

TOKYO SIGHTSEEING

初めて訪れた外国人を喜ばせる「TOKYO見物」

Welcome to Tokyo

Labyrinth ahead; enter at your own risk.

C.O.D. dining.

Walk, don't ride.

Beware old ladies with sharp elbows.

Green Class travel.

Tokyo–not in a day.

Look for the red lamp.

イタリアかぶれ 2001

Italia caleidoscopica 2001

PIACERI

It's Tea-rrific!

私たちもお茶会していいですか？

SWEETS　どのお菓子が好きですか？

OUTDOOR ——どこでもお茶できます。

直心是道場

コンパクトボディに収めたエンタテインメント。
場所を選ばず使える選べるモバイルツール。

BLACK

PHOTO BY CHIKASHI SUZUKI

style1 Japan style2 Look! style3 Collion style4 Real style5 Editor in ch
style6 Hashigo style7 Junya Watanaban style8 Maestro style9 Family s
le10 American style? style11 Americatyle! styl
Shop-Giorgio Armani style14 Shop-NBarret sty
ality style17 Real!? style1 Japan styleook! style3 Collection style4 Real
yle5 Editor in chief style6 Hashigo st Junya Watanabe Man style8 Mae
ro style9 Family style10 American styl11 American style! style12 Ar
rican style style13 Shop-Giorgio Armstyle14 Shop-Neil Barret style15
talogue style16 Reality style17 Real!y1 Japan style2 Look! style3 Col
ction style4 Real style5 Editor in chiyle6 Hashigo style7 Junya Watan
Man sle8 Maestro style9 Familistyle American style? style1 style1
ilByle style alogue6 Resle1 Rey Japan styl
Look! style3 Collection style4 Real stEditor in chief style6 Hashigo
7 Junya Watanabe Man style8 Maestriy Family style10 American style
style11 American style! style12 Amern style style13 Shop-Giorgio Arma
style14 Shop-Neil Barret style15 Cataue style16 Reality style17 Real!?

リアルなスタイルを求めて…

What's "Style"?

「で、スタイルって？」マルチェロ・マストロヤンニの服を45年間
作りつづけてきた男、ブルーノ・ピアッテリ氏は18分の18歳の「モー
ドは、ある瞬間。ある何間、ファッションでありまた何かもしれませ
ん、エレガンスは、永遠にファッションです」。ごちそうさま。
ミラノ、パリ、LA、NY、東京、REALなスタイルを巡る世界縦断。

BRUNO PIATTELLI

いつも自分のままでいられることがエレガンスだよ、マルチェロのように。

ALI WISE
Fashion Manager, Harrison & Shriftman

12

American Style

アリーさん、ジェニファー・ロペスを呼ぶのはおいくらですか？

ZIPANG STYLE IN PARIS
03

Colette + ZIPANG

新しいパリの発信源、〈コレット〉のアンテナと包容力。

CRADLE

アイウェアショップは道具の流れで…

fanatiques

ミュージカル＋ショー＝タカラヅカの正しい鑑賞の仕方教えます。

scène

HOLLYWOOD

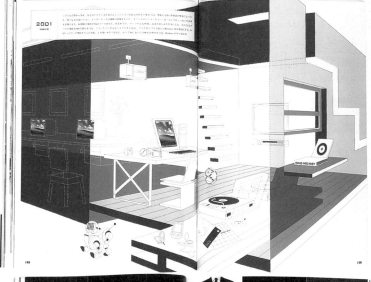

DAVID HOCKNEY

L'ÉCLAIREUR

L'ÉCLAIREUR style
BLACK &
WHITE

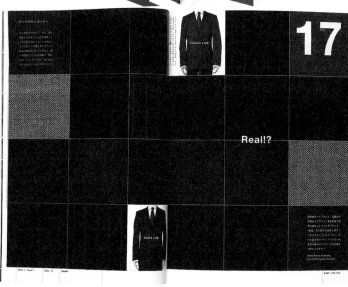

TORINO LINE

17

Real!?

PARIS LINE

Takarazuka 2001

pourquoi
comment
Takarazuka?

monde

Hong Kong　Singapore　Berlin　London　New York

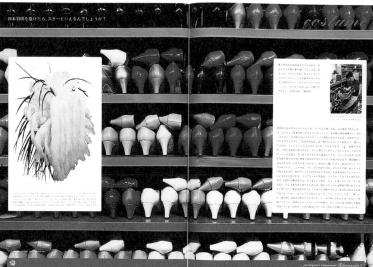

costume

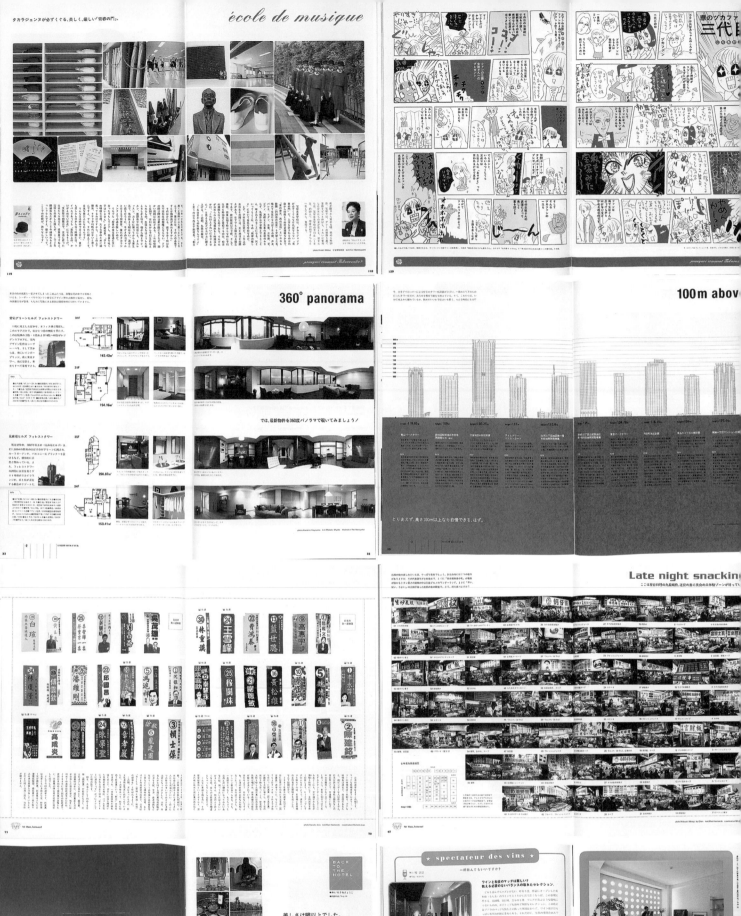

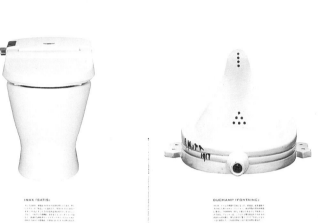

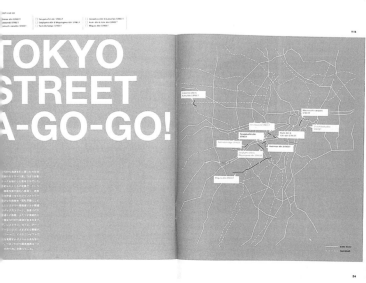
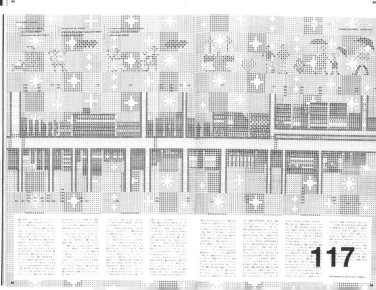

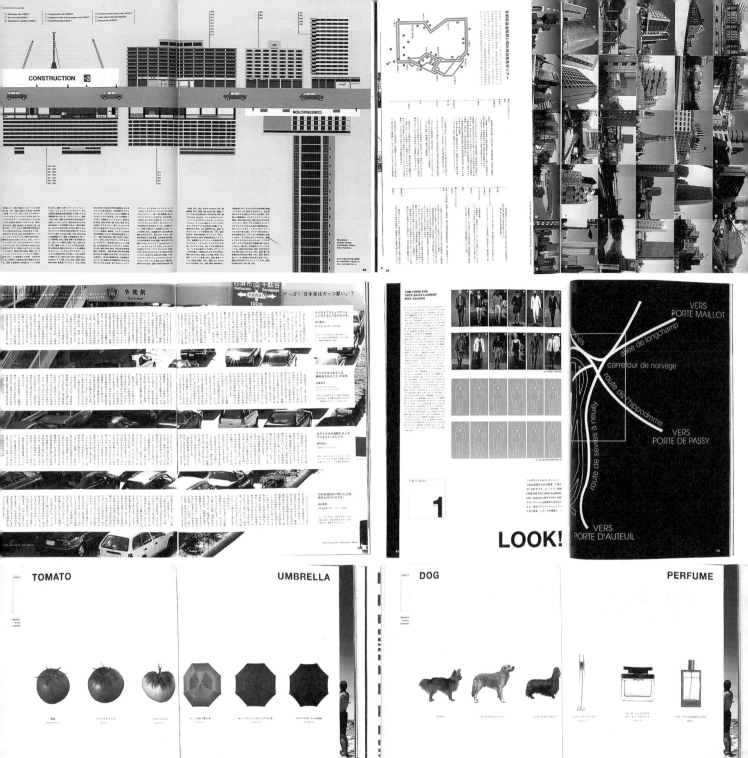
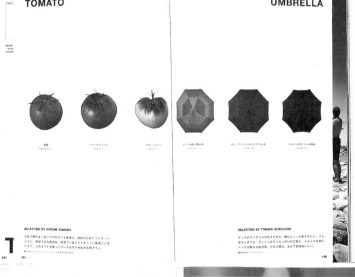

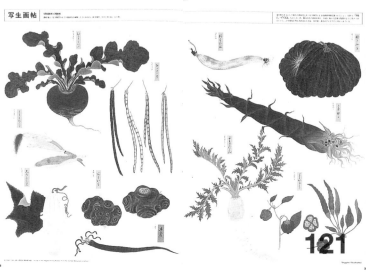

HOMMAGE TO MYSELF

0

自分自身のために。

GUCCI

1

IN NEW YORK

YVES SAINT LAURENT RIVE GAUCHE

3

IN NAPOLI

GEOF DARROW JEAN-CLAUDE MÉZIÈRES MOEBIUS

FRANCE

Super Hero Comic, the Infinite Chronicle.

STAN LEE JOE QUESADA

HEROES

The Veggie Bible

世界は野菜を待っている。

03

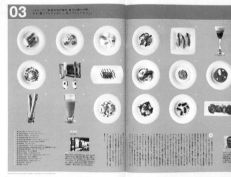

RESTAURANT DATA

WATCH OUT WATCHES !

世界最高の時計遊びを教えます。

ウォッチ仮面参上！

SHOP

SERAYA SEMINYAK

FOOTBALL GROUND

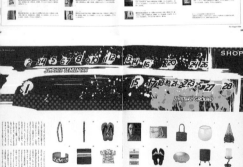

BALI'S MAGIC LOVE

09 CITY GUIDE

なぜガイドブックを持っているのですか？

122

日本美術×現代アート

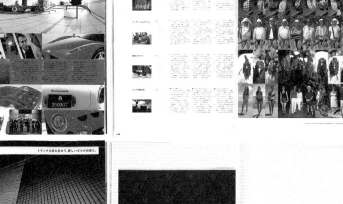
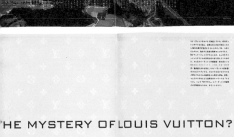

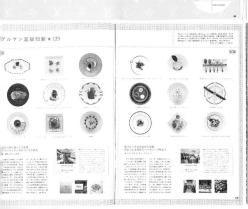
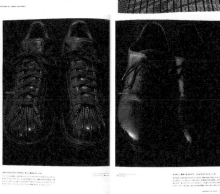
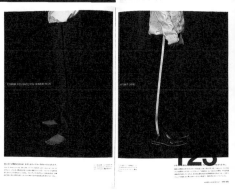

OK!
Let's do it!

安藤忠雄

TADAO ANDO

21世紀、そろそろまじめに、新しい生活の姿を考えませんか

鎌倉ですか? 奈良ですか? いえハワイです。

GURSKY'S GALLERY

ANDREAS GURSKY
PRADA I 1996

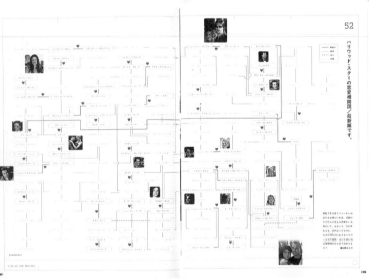

52

ハリウッド・スターの恋愛相関図/最新版です。

24 PRADA

ROQUE
SANTA CRUZ

BAYERN MÜNCHEN · GERMANY · FW

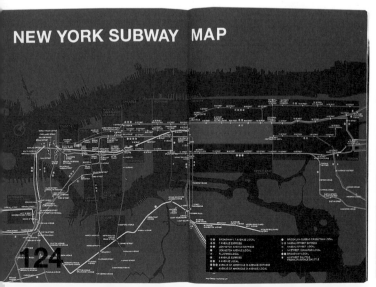

NEW YORK SUBWAY MAP

124

EAST VILLAGE

あなたはなぜ
イースト・ヴィレッジが
好きなのですか?

Discover ✿ The Real Hawaii

気づかなかったハワイ………。

SYACHO-SAN

GURSKY'S GALLERY-2

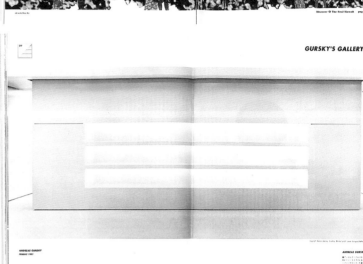

ANDREAS GURSKY

NYC2001

ハーレムやブロンクスにもスタバが出来たんですよ。

DAY IN AND DAY OUT

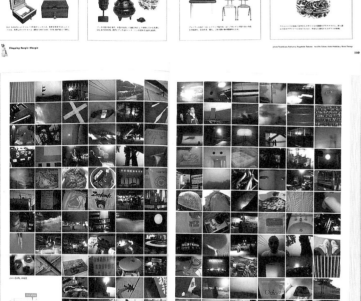

EAST VILLAGE

01 Robert Miller Gallery

02 Alexander and Bonin

03 Luhring Augustine

04 Andrea Rosen Gallery

05 Dia Center for the Arts

行くべき
ギャラリーは
どこですか？

CHELSEA

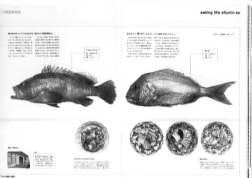

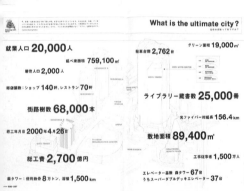

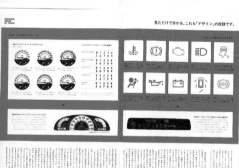

MAD ABOUT MAGAZINES

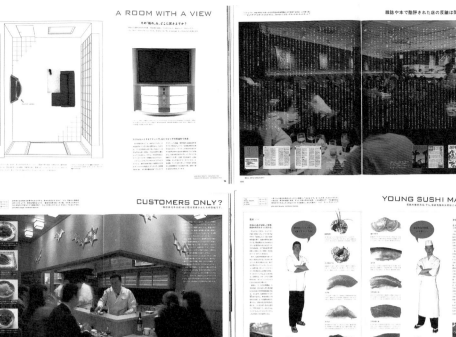

A ROOM WITH A VIEW

雑誌や本で脂粋された店の反論は聞けますか？

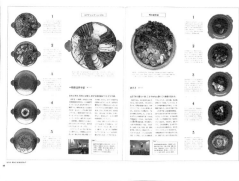

CUSTOMERS ONLY?

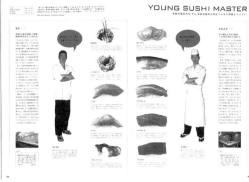

YOUNG SUSHI MASTER

四国探検帖

約束建築報告

1 安藤忠雄

Tadao Ando

FUNCTION

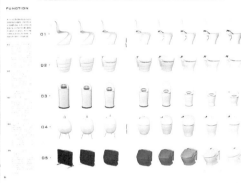

permanent collection

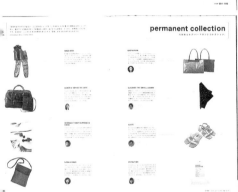

wonder hoteliers

To know sushi is to love sushi.

新時代の寿司は知識で食べる!?

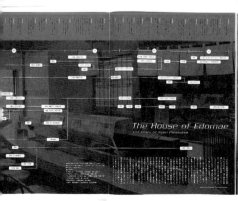

The House of Edomae

at the bookstore

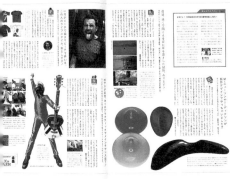

FASHION
LOVES
FOOTBALL!

太陽

THE SUN
1990 NO.346
MAY

特集・さよなら、東京
清えゆく街並を鑑賞する

⑤
特集
使って楽しむ
陶磁器

THE SUN
1990 NO.347
JUNE

特集・新感覚ホテル案内
帝国ホテルの時代

⑥

THE SUN
1990 NO.348
JULY

⑦
特集
世界を創った
肖像写真100枚
100人の写真家と100人の被写体でつづる二十世紀の物語

陽

AGUSU
AKATA
南方熊楠
優子/中沢新一

太陽

THE SUN
1990 NO.354
DECEMBER

1990
⑫
特集
注目のシェフ15人がひらく
フランス料理の
新世紀
★レストランひらまつのガラ・ディナー
★東京フランス料理界の若き獅子たち
★地方都市には生きのいいレストランがある
★メニューを見て材料・調理法・味を知る秘訣

陽

THE SUN
1991 NO.355
JANUARY

①
特集
割烹読本
大人のための日本料理がここにある

太陽

THE SUN
1991 NO.356
FEBRUARY

②
特集 いちばん近いシネマ・パラダイス
アジア映画

陽

肉体の150年

太陽

THE SUN
1991 NO.362
AUGUST

⑧
特集
現代美術のアトラス

陽

THE SUN
1991 NO.363
SEPTEMBER

⑨
寺山修司
アングラ世界の万華鏡

太陽

THE SUN
1991 NO.364
OCTOBER

⑩
特集
ベルリン大観光
再生するメトロポリス

陽

★特集
仏像
は今を生きているか
NEW IMAGES
OF BUDDHA

太陽

THE SUN
1992 NO.369
MARCH

③
特集
京都の美食

陽

特集
建築の近未来
ARCHITECT FOR ANYWHERE
現代建築家6人が
発想と展開
磯崎新
渡辺豊和
安藤忠雄
伊東豊雄
北川原温
高橋晶子

太陽

THE SUN
1992 NO.371
MAY

④
特集
フィレンツェ
美術観光
メディチ家 美の奇跡
美術館・博物館・聖堂ガイド

⑤

133

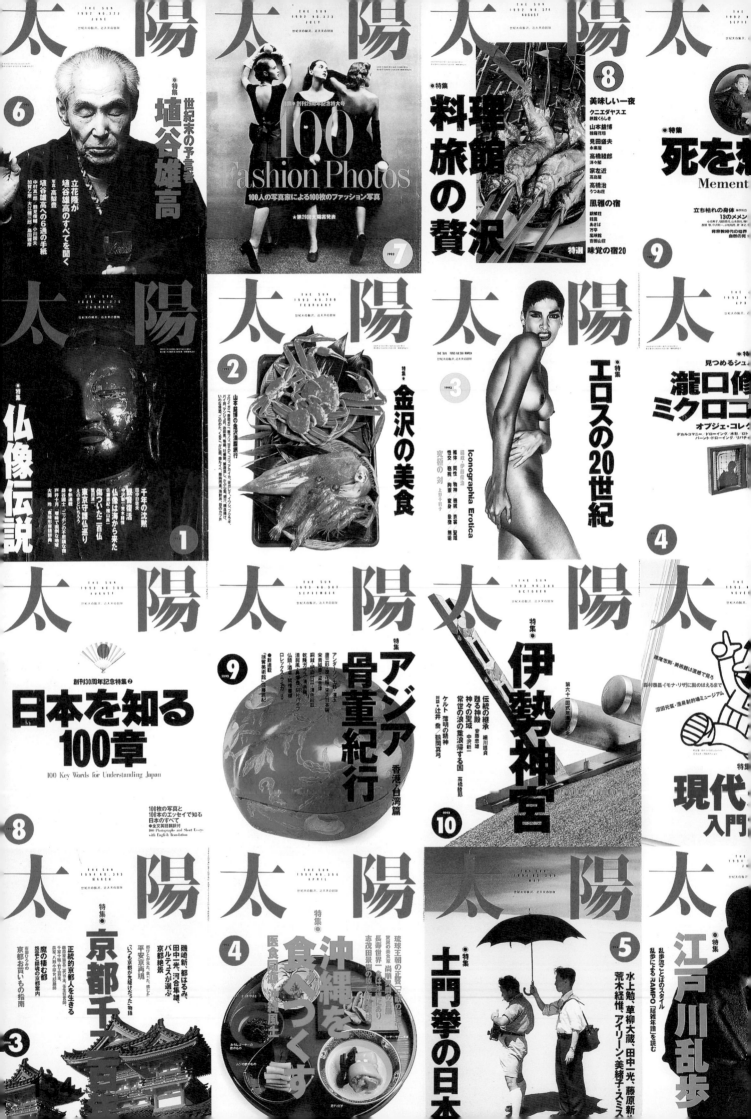

太陽

THE SUN

●続々
を買いに行く

写真、ハンティング、
釣り、書画、刺繍、サイクリング──
本当の人生は明治からはじまった。

特集●
徳川慶喜

首都圏の陶芸家
10人の仕事

●瀬戸・堂島・伊賀
あいの陶郷を行く
は劇場だ。

③
④

特集●心をいやす散歩道

奈良 大和路

作家が愛したみほとけ
大和仏像巡礼
佐藤忠良
三本の道で行く万葉の路
小さくて美しい寺
山の辺の道から飛鳥の里へ
ならまち奈良まち散歩

前登志夫
上原 和
岡部伊都子

古井由吉
田中澄江
池田瑶子
杉本秀太郎

⑤

創刊35周年記念号
危機の時代、日本が最も必要とした
ジェントルマンの生涯

自東京大学
特別教授・宮田登／
辻井 喬／佐野眞一 中村紘子／青柳恵介

特集★
白洲次郎
二〇世紀の快男児

⑦

陽 太 陽

お湯の中にも花が咲く

●特集
日本列島
お湯のいい宿

42℃の極楽

特集

江戸前を握る

首映・若者たち

Q：このヒト誰でしょう？

⑥
作家あのスタイル

ライカの神様

⑦

第39回太陽賞
第18回アニマ賞
創刊38周年記念

●特集
木村伊兵衛の眼
スナップショットはこう撮れ！

アラーキー仰天

陽 太

2000年特別記念号

⑫

特集●
日本の美100

美しい国・ニッポン
対談 高橋睦郎
池内 紀
25人が選ぶ100の美

①

地球へのチャレンジ

②

対談 安藤忠雄
沢木耕太郎／荒木経惟撮影
「すべてはつくることから」

特集●
安藤忠雄の
発想力

90年代の代表作から、最新プロジェクトまで

さまを探して

掘り出しモノ満載

③

特集●
骨董を
買いに行く

東京・西荻のニューウェーヴ、
京都・寺町骨董ストリートなど
全国50軒。骨董市のみの市13

お宝、発見

太 陽

⑧

太陽

⑩

特集●
京の名宝
この秋、限定！
特別公開の名品をめぐる。

森村泰昌の名作縫骨講座
伊藤若冲 数寄の菜虫譜
紅葉の東寺・神護寺
古都の天然記念物

太 陽

⑪

不思議の宿空間
モダンリビング
京都の町並みに魅かれて
光と風とインテリアと
時にアレンジして

特集●
古民家と
暮らす

家も生きている

太 陽

⑫

特集●
北欧
デザイン紀行

モダンでシンプル、機能的で人間中心。
デザイン先進国スカンディナヴィアを総力取材。
英とは何か、豊かさとは？

Thank you for 38 years

139
1963→2000

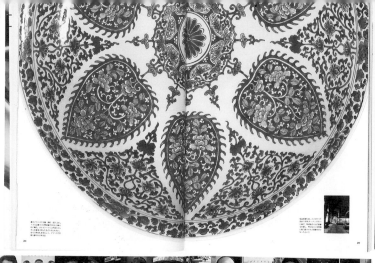

アジアの映画の輝き
佐藤忠男

太陽を纏う民
ペルー、アンデスのインディオたち
写真・文=たかはし じゅんいち

コート姉妹
上野千鶴子

二〇世紀美術を恋れるために 中沢新一

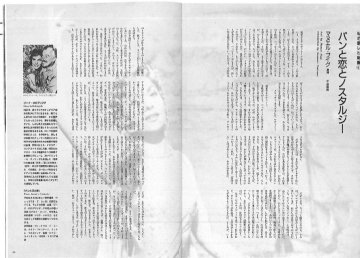

パンと恋とノスタルジー
マヌエル・プイグ

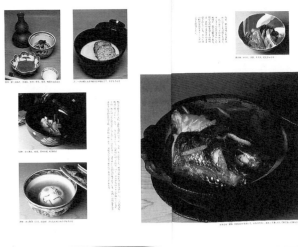

瓢正

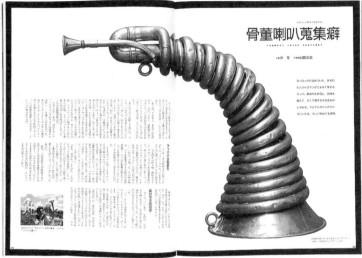

骨董喇叭蒐集癖

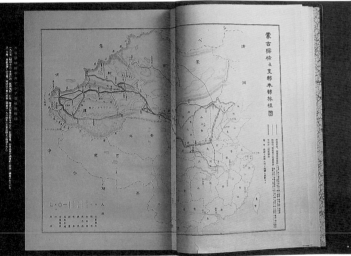

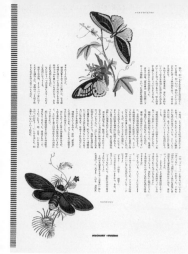
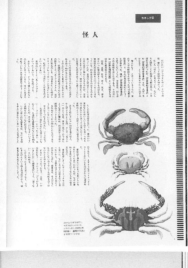

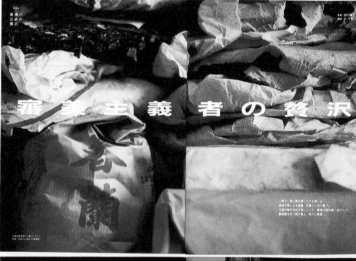
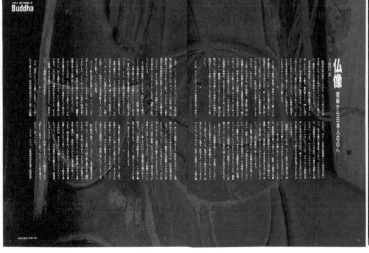

地下のエロスと　天上のエロス　伊藤俊治

Le Métier Suprême
Balthus

バルテュス

三十日間にわたり、
襲いくる妖異物怪と
闘い続けた男

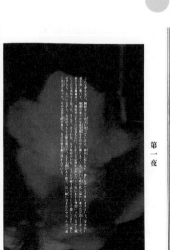

第二夜

第一夜

第六夜

第五夜

珍事奇譚は花ざかり

氏家幹人

アンビリーヴァブルなパリ

色好みの極楽

文　林美一

Michel Butor

L'aéroport
de Babel

バベルの飛行場

文＝ミシェル・ビュトール
訳＝細田直孝

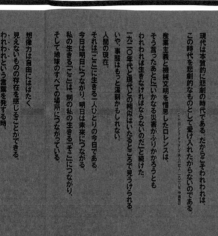

土門拳さんの思い出　水上勉

蔵の中の幻影城

ひばりの時代

文＝富岡多惠子　写真＝鬼海弘雄

赤塚不二夫

清貧という贅沢

趣向の爛熟 江戸艶本の戯画化

Who's that boy, J.J?

辻清明

煮物

河は眠らない。

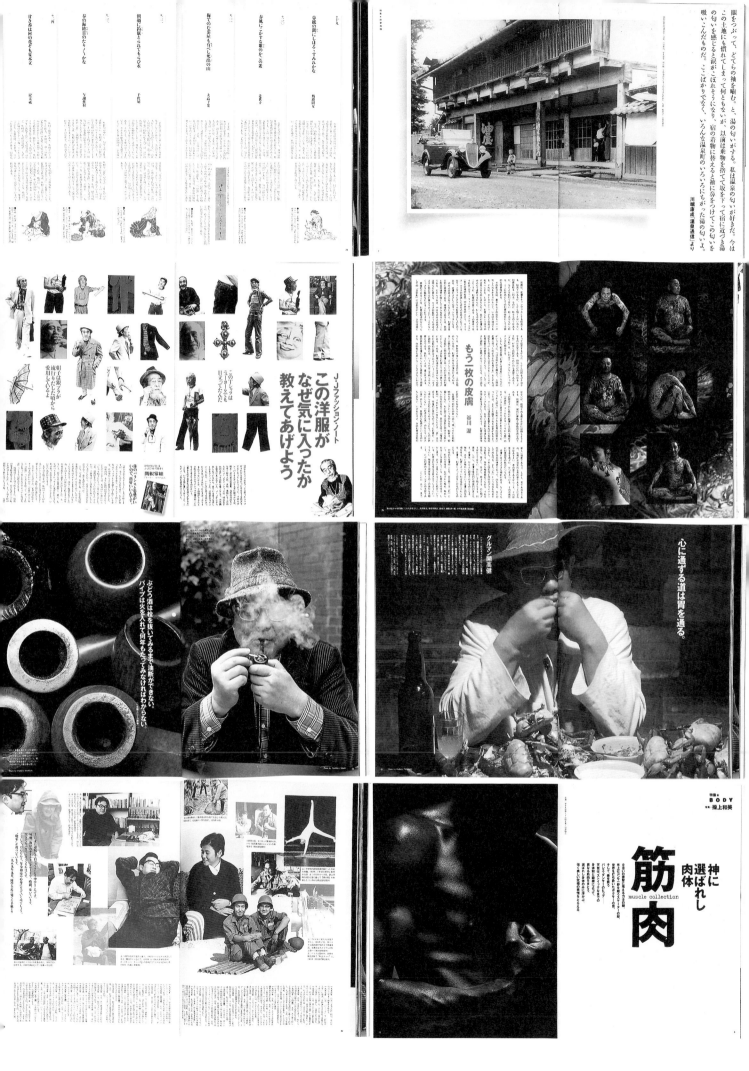

特集
BODY

世紀末の予感 を踊る

フォーサイスと勘右衛門の空なる身体

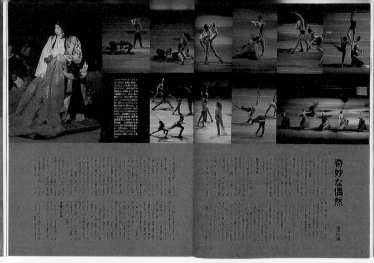

奇妙な偶然

上海

くらげの絵　田村隆一

昭和モダン洋行案内

巴里まで43日、一等船室980円

The life on board

Emilio Terghetta d'Audifriet

タルゲッタ伯爵の
優雅な
昼下がり

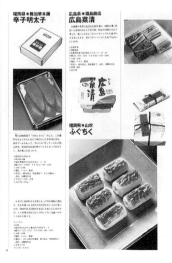

福岡県＊稚加榮本舗
辛子明太子

広島県＊徳島商店
広島菜漬

福岡県＊山吹
ふぐちく

高知県＊明神水産
藁焼き鰹たたき

徳島県＊丁井
わかめ

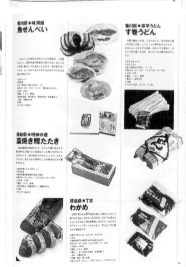

香川県＊味清屋
魚せんべい

香川県＊宗平うどん
す巻うどん

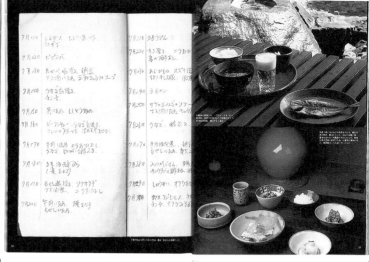

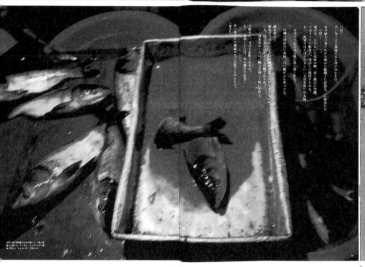

power of being sexy

セクシーで、わるい？

Helmut Newton

He looks like a
punk rocker,
but he talks like a
philosopher.

by Glenn O'Brien

川久保玲のフォース・フィールド　限りなく自由のために……　Talking with Rei

It's New!
DIFFERENT
ADVENTURE
ROMANCE
ACTION
THRILLS

SHE-VOGUE!

THE MARK OF THE
MAN-WOLF!

1981: that was the
year that was.

フライト・センス

Why is Black Back?
パワフルな黒が戻ってきた！
邪悪な洗練とともに。

Björk　Helena Christensen

世代を超えたスタイルの持ち主は、
生き方そのものがモードになる！

10

Hiromi Kitamori　Satomi Yoshimura　Britney Spears　Ai Tominaga

Marika Mori　Stella Tennant　Lauren Bush　Hitomi Ishida

30

UA　Chloe Sevigny

Björk　Stella McCartney　Sofia Coppola

20

Part 3　A Question of Age
あなたは、いまの服を
何歳まで着られますか？

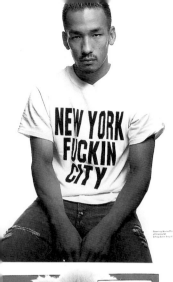

¥35,000

¥24,000　¥18,000

¥19,000　¥16,000　¥21,000

¥4,800

¥19,000　¥29,000

Camille Bidault-Waddington

vogue diary

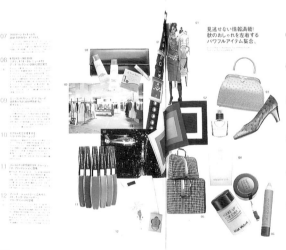

20 Kate Moss

Al Maha

1999
13.0%
<<
1988
24.1%

Phillip Bloch

Joanne Gair

Vivian Turner

Be-Bop Bohemian

Light & Shadow

02

03

05

06

04

9.23-10.23
Libra

10.24-11.21
Scorpia

4%

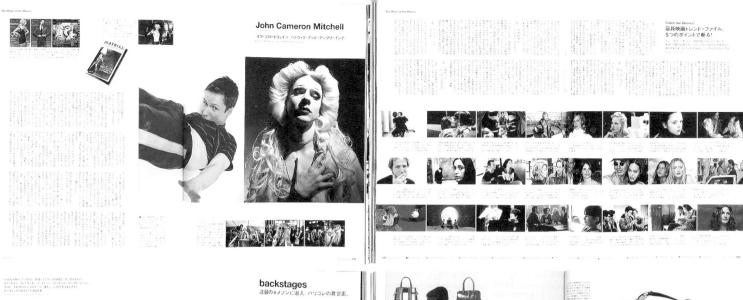

John Cameron Mitchell

backstages

メキシコ生まれの北京育ち。ヴァーチャルな夢が、インターネットで花街に翔った。

小桃

ミニプライスで創る女優テイストのマニッシュ・シック。

¥18,000 ¥8,000 ¥17,000 ¥2,800 ¥28,000 ¥42,000 ¥12,000 ¥16,000 ¥15,000 ¥27,000

Scoop

*enfant chic。
犬の顔にアイスクリーム。
子どもの絵本の世界が、
モードになった。

Earl Jean

The Getaway
ふたりの逃避行。

Designer × Brand

Artist × Brand

Tannaz Hazemi

Faces of New York

Nancy Caton

Prescription

Fragrance as a Legal Drug

21世紀の合法ドラッグ、それが香水。
女性を蛍々と健全に狂わせる
妖しい翼のある香りたち。

池澤ミシュラン 第1回
——池澤夏樹

信号的なニュース

VOGUE
NIPPON

Collection Book
2002年春夏のトレンドはこうなる!

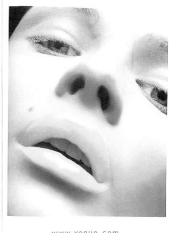

www.vogue.com

いま、東京で
何を
買いますか?

Water Bar
このフロアでは世界の水が飲める。
花も買える。人々が喜ぶ。

3F

ミネラルウォーターのアイテム、そして花も買えるためのコレットのウォーター・バー

Micky

Vania

World Piece
幸せのプロフィール。

Photos: Aida Bujala Fashion Editor: Akiko Brewster

Spying Eyes
スキャンダラスな午後。

Photos: Tony Prohaskton
Fashion Editor: Emmanuelle Alt

Il Borro
イル・ボッロを借りると、
これら一式が付いてきます。

Heavenly Palazzo Life
パラッツォをまるまる借りて、
地中海的極楽生活を
疑似体験してみませんか。

秋冬はさらにバージョンアップ、
極端パンツをおさらいしよう。

Sarah Mower's Coordinate Lesson
How to Wear Extreme Pants

169

Uniform

布袋寅泰

「衣裳が気に入らないと音が出せないんだ」

fashion focus

Vivienne Westwood

VOGUE AIRLINES Project 4

あったらいいな 機内アイテム・セレクション。

「あったらいいな」と密かに願う
あなただけのシークレット・スキンケアは？

045

043

041

046

044

042

Essays on Nature

Border Patrol

Field Work

Los Angeles

Unique Seminars

"なりたい私"への近道！？
私を変える世界のセミナー48。

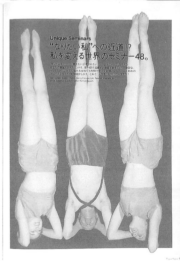

美学。

Photos by
Vincent Gallo

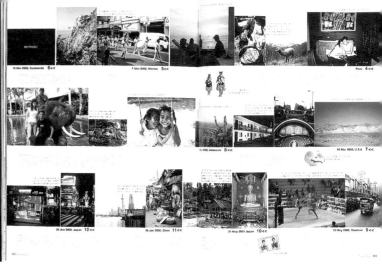

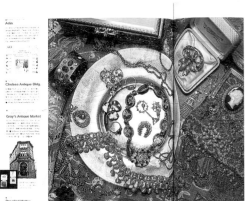
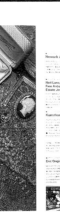

Ai Tanaka

100 people
100 tastes

What are your favorite cosmetics?
「コスメ選びに正解なし」。
世界の美のエキスパートたちでさえ
100人100色だった"ベストコスメ"。

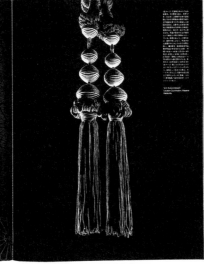

Bursting with Gold Bubbles
お洒落に集まって一晩中さわぐ!
クレイジーな夜はシャンパンと共に。

この春、史上最強の
サーファーガール。

173

It's Only Yesterday

The Dynamic Documentary
セレブの過激さは想像以上!?
ドキュメンタリーが"娯楽映画"になりました。

1

2

3

Sakura Secrets
おいしいサクラたち、和菓子におまかせ。

style compass

Le parfum "Fragile" de Jean Paul Gaultier

私は、奴隷にも
ご主人様にもなれます?

Forbidden Chateau

Literature of Lust
言葉は娼婦、官能的
タブーはありません?

Susan Irvine

Keiko Watanabe

That Special Something
くせのある"味系男"が
今、時代の主役!

My Secret Gardens
私の秘密の花園。

VOGUE

VOGUE
ON AIR

今月のSPECIAL FEATURE
"Secret Gardens"

#DH-50 VOGUE NIPPON CHANNEL

Women Who Shines
吉永小百合という、
限りなく透明に近い輝き。

4.26-5.27
天麗推命術

Star Secrets
ハリウッド・セレブの"裏側"教えます。

Visions of Tahiti

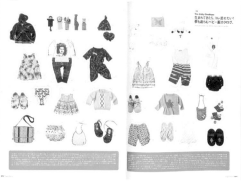

生まれてきたら、コレ着せたい
夢も膨らむベビー服カタログ。

44th week
It's a girl!

| 18 weeks | 1 week after | 43 weeks | 42 weeks | 37 weeks | 36 weeks | 29 weeks | 19 weeks | 15 weeks |

ケイト・モスの44週間。
妊娠はスタイルアイコンをどう変えた!?

ニュー「オリーブ」は100%女の子宣言

お待たせしました。「オリーブ」がリニューアル復刊です!
ニュー「オリーブ」のコンセプトは100%女の子主義。
女の子だけが楽しめるキュートでラブリーな誌しを、
たとえば1枚の好きなシャツを見見えるだけで
ワクワクが止まらなくなるようなファッション・ストーリーを徹底提案します。
今までより、ちょっと大人っぽく、カッコよく、
そしてパワーを全開の「オリーブ」。月刊誌でお届けします。
どのページもキラキラ輝いていて、ずっととっておきたい「宣言」のような1冊、
それが新ファッション・マガジン「オリーブ」です。
いつまでも女の子であることを楽しむ世界を大切にしたい、そんな気持ちに
共感してくれる仲間に向けて、「オリーブ」は「100%女の子」を宣言します!

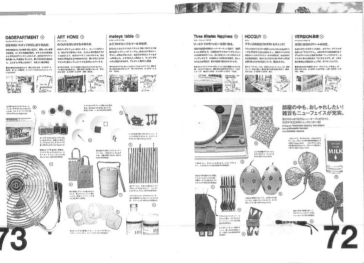

73 **72**

107 **106**

Dessert

Chelin's Happy Sweets Hour

key lime pie

6.18-7.1

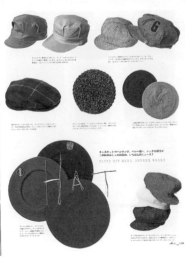

Chelin's Happy Sweets Hour

cherry clafoutis

Marc by Marc Jacobs

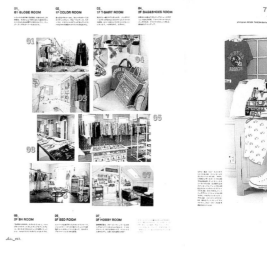

Curious About FASHION

Sports items

Parka

Living room

79

78

Jet setter

ローカルの歩き方

DGRACE

French chic marine

Candy Color

RAVISSANTE*

margaux

marie

amina

dria

anabel

johanna

01 material

02 arrangement

03 color

04 tool

05 package

06 goods

Made
clothe*

Dessert

Chelin's
Happy
Sweets
Hour

Madeleine

NEXT ISSUE*

November
2002
_Vol.433

次号予告

カジュアル・クローズと
音楽のおしゃれ関係

音楽好きにはおしゃれな人が多い。
ロック、モッズなどジャンルごとにイメージするファッションを
今季の流行アイテムを取り入れてオリーブ流コーディネートを提案します。
ミュージシャンの大アイコン、ジーンズとスニーカー。
また、音楽と深く関わっているブランド研究も盛りだくさん。
さらに、ファッションに携わる人たちと音楽の関係やコラムなど
読み物ページも充実しています。
オリーブが考える、新しいスタイルのファッションと音楽の融合を
ぜひ、お楽しみください！

FASHION*
人気ミュージシャンのおしゃれセッション
音楽モチーフの服で、
プリティ・コーディネート、プリーズ！

町田 康さんに聞く、
女の子のための文学&音楽道

2002年ジーンズカルチャーブック
男の子と一緒に着られる
ブランド・ストーリー
TOKYOラバーズ・ショップ

11

エリのおしゃれ探訪
ブランド図鑑「A.P.C.」
オリーブインタビュー
「奥田民生」

オリーブビューティ
3,000円以下で手に入れるブチ・リラックス
おしゃれクリエーターのフェイバリット漫画
オリーブガールの"夜遊び講座"

460 TAX IN

Music

Olive Tokyo Princess 05
おしゃれエリアを徹底クルージング。
オリーブTOKYOプリンセス

Coordinate*

GIRL'S NEWS

GIRL'S INTERVIEW
Christina Milian

efish
イン東京！

Interview

壁に
メアリー!?

セレブは
H&Mもすごい！

GIRLY!
スーザンの世界。

ジャスティン
SO SEXY！

氷河期の最新キャラ！？

MTV&スペシャ、
話題の新番組は？

おもしろすぎっ！
アジアン・ムービー

Punk

Mods

Olive's BRITISH CASUAL 05
いつものおしゃれメークに、
UKセンスを取り入れよう！

muffler

socks gloves

Character

85

84

あらゆるジャンルでキャッチした、注目の男の子NEWS!

ストリートで着る「minä」の服、皆川 明さんが考えるオリーブガール

PETIT SEXY

Sleep

SI

Accessories

オリジナリティ光る、オリーブ・プリンセス決定!

Grand prix!!!

Olive Princess!

183

Liquid Dreams

188

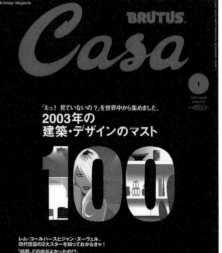

191

COMME DES GARÇONS PARIS

Suzan Cianciolo

Raymond Loewy

Tokyo
d'uNE rArETé

San Francisco
5th Floor

Vietnam

M   C

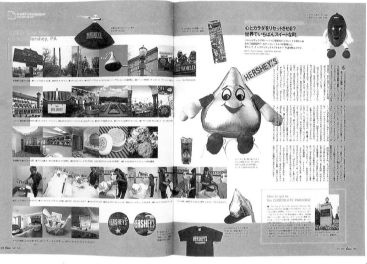

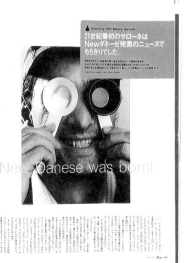

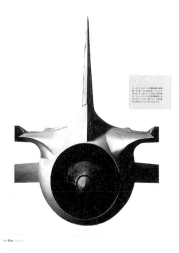

195

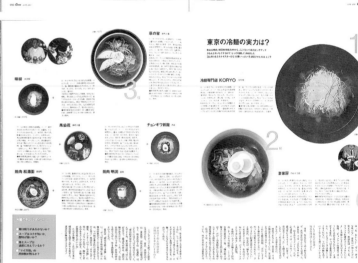

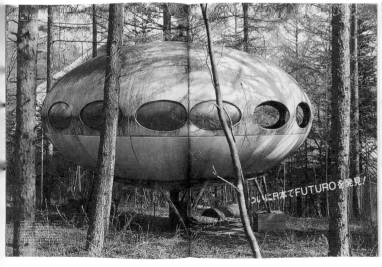

196

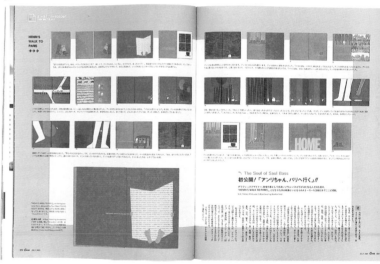

197

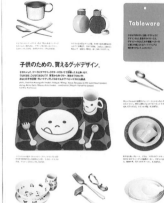

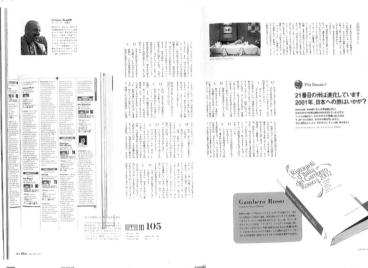

スペースハウス？

e Vogue with Evisu & Cappellini

t Linear Beauty, New Espace Tag Heuer

z On Your Trip from Zaha Hadid

Looking for New Japanese Design

世界に自慢できる、今の日本の
プロダクトデザインを探せ！

idea

design

playfulness

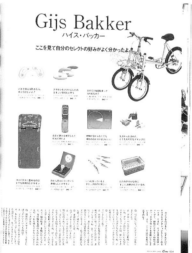

Gijs Bakker
ハイス・バッカー

ここを見て自分のセレクトの好みがよく分かったよ。

Lucy Everett
ルーシー・エヴァレット

パーマネントコレクションに入れるとしたら？

New York the Beautiful

Wallace K. Harrison
USA

Le Corbusier
France

Oscar Niemeyer
Brazil

マンハッタンにある
国連本部ビルは
一体誰が作ったのか？

フロム日本
'05 大量物産／角三金

PARIS

スガン島、ル・コルビュジエ、ヴォージュ広場。

パリには安藤さんが愛するものがたくさんあります。

Fort Worth Construction Site Report
フォートワース現場ルポ、21回目の渡米チェックに同行しました。

La Corbusier, ANDO's Eternal Hero

ANDO's Impressions of Three American Masters

1 The Pulitzer Foundation for the Arts

海外ANDO建築 8つのトラベルガイド

Mark Dytham

04 Q：建築家ってモテるんですか？

A：医者や弁護士とは違う（笑）。
ただし、話題は豊富です。

Manabu Chiba

設計者・青木淳が明かす、
ルイ・ヴィトン表参道ビルの秘密。

07 Q：建築家はどうして
マオカラーを着ているんですか？

A：思いのほか深い意味合いがあったんだよね。昔はね。

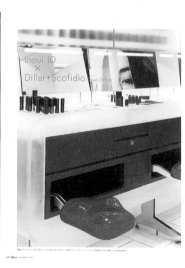

Inoui ID × Diller+Scofidio

Super Luxe '10
建築家とのコラボで
メーキャップの空間も
変わりはじめました。

ROMA

1965年、建築家になることを決意した都市、ローマ。
その時と同じ場所に立ってもらいました。

p.154, p.157

Frank O. Gehry

Steven Holl

Jean Nouvel

Richard Rogers

Renzo Piano

Peter Zumthor

---

5 FABRICA

ANDO空間で創造する、アーティストたちの楽園。

ARMANI/TEATRO 4

帝王アルマーニの「永久性」を形にしたテアトロ。

Peter Zumthor

Jean Nouvel

Renzo Piano

Steven Holl

Richard Rogers

Frank O. Gehry

ANDO's Heavyweight Results

世界のトップたちと闘う建築
6人の対戦相手たちへのメッセージ

---

11 Fasting? Slowing?

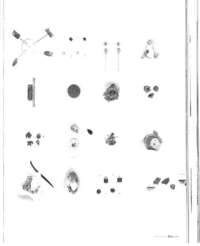

12_Roma!

13 Heel Like Architecture

新刊から「オレの自慢本」まで、
怒涛の建築&デザイン本
100

Addicted to Arch & Design Books

Addicted to Arch & Design Books

本棚、見せてください
あなたの歴史が見たいです

あなたの知らない
ル・コルビュジエ。

建築・デザインの巨匠の謎に迫る!?

新・椅子ブームを予言する。
Predictions on the Next Chair Trends

Question
あなたは今、中国に?

WHAT'S UP IN CHINA!?

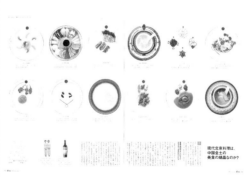

Last Interview in SHANGHAI

8 Happy Colors

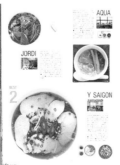

AQUA
JORDI
Y SAIGON
Huong Viet
ASIAN JUNKY

GO PHO IT!

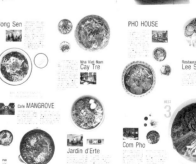

Bong Sen
Nha Viet Nam Cay Tre
Cafe MANGROVE
Jardin d'Erte
PHO HOUSE
Restaurant Lee Scorpion
Com Pho

Honda MOBILIO × EUROTRAM

クルマ🚗と電車の
トレンドは？

12人目のスタイルに も聞きました
「嘘か本当かは、
観る人が考えればいい」

ACTUS COLLECTION '04

ドイツ、テクタ社が誇る
華麗なるデザイナーの軌跡とは？

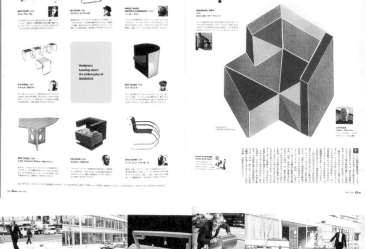

welcome to
Okapi
Lounge

guest 17 Piero Lissoni / Milano

015 Thomas Sandell　014 Toyo Ito　013 Andrea Branzi　012 Shigeru Uchida　011 Jasper Morrison

019 Katsuhiko Hibino　018 Karim Rashad　017 Ettore Sottsass　016 Tokujin Yoshioka

New York
インテリアの動きを知る街、マンハッタン。

WWW.BULO.COM

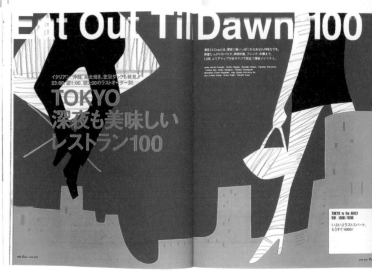

Eat Out Til Dawn 100

イタリアン、沖縄、広島焼き、北京ダックも発見!!
23:00 深1:00、深2:00のラストオーダー別。

TOKYO
深夜も美味しい
レストラン100

ローゼンタールのある町、
セルフへと行ってきました

これがカラフルなうわさの村や♪

建築・デザインからフード、ホテル、ショップまで

ITALIA

New Projects

この3つの最新建築は、ただ今、見学者殺到中。

3

Lives in Misericordia
by Richard Meier

Giuseppe
Terragni

Casa
Asilo Infantile
Sant'Elia

モダニスト、テラーニは
こんな優しい建築を作ってます。

Carlo Scarpa

San Vito d'Altivole
Tomba Monumentale Brion

TOKYO in the MAX!

東京超ゴージャスステイ、
魅惑の1泊2日をシミュレート!

6 ¥3,000 STUDIO COAST クラブイベント「アゲハ」入場料

4 12億7000万円

2 ZOO リムジンレンタル(1日) ¥45,000～

5 US$230,000

3 ¥2,700 大江戸温泉物語 入浴料 大人(中学生以上)・他

7 ¥500,000

1 ¥10,000 レストラン 日生マリーナー 渋谷本店 スペシャルランチ スペシャルカレーライス

London

フォスター建築はロンドンのアイコンです。

恵比寿
代官山
中目黒

Eat Out Till Dawn 100

柏みカフェあり、柏み行行もあり
エビス～ナカメは、ゆるしのに最適です

23:00LO～翌0:30LO

翌3:00LO

Quiet sensitivity Tougo Murano

30分で鍛える 現代建築力

どうしてガラス？ なぜグニャグニャ？ を語れます

カシューナッツのチーズ？ 乳製品ゼロなのに、リッチでびっくり！

Could You Tell Us the Secret of Roxanne's?

「プレイタイム」を観れば、タチ流「モダン建築」が分かります。

H abiter
C ircular
S a Récréar
P atrimoine Historique
T ravailler

コルビュジエとジャック・タチ、ふたりの気になる関係は？

コム デ ギャルソンと
R・プリンスの関係って？

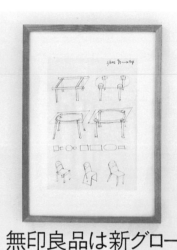

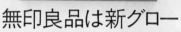

MUJI?

無印良品は新グロー　バルスタンダード!?

Nothing more basic than MUJI

ドローグ・デザインと
無印良品
実は似ていませんか？

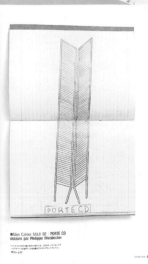

■Mon Cahier MUJI 02 : PORTE CD
dessins par Philippe Weisbecker

PORTE CD

■Mon Cahier MUJI 03 : LAMPE SOUPLE
dessins par Philippe Weisbecker

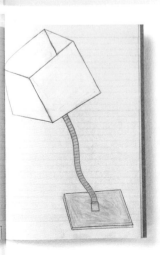

LAMPE SOUPLE

環

4 Interior

コンラン・スタイルに 暮らしませんか?

point 1　point 2　point 3　point 4

Soup

スペインで聞いた、
ガスパチョの基本形。

Topping

ENZO MARI

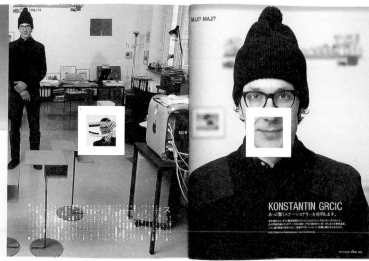

KONSTANTIN GRCIC

無

世界中が
MUJIファンです。
Everyone says "I Love MUJI".

01　MATALI CRASSET

I enjoy MUJI.

05

SOPHIE HELENE

I choose MUJI.

「JOHN SMEDLEY」の上質ニットで、
ボーイッシュ＆ガーリッシュ

（SCHOOL）

family

ADDITION ADELAIDE

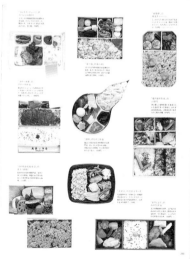

鮮やかな色に心ときめいて、
「アニエスベー」の夏スタイル

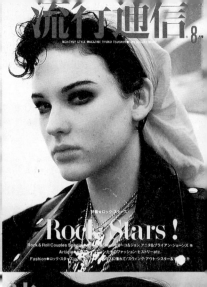

通信 4月号

流行通信 5月号

流行通信 7月

流行通信 8月

Paris Special

Kyoto snob resort

Rock Stars!

流行通信

流行通信

流行通信

Body Scent & Eros

99-00 Collection

5

6

7

流行通信

流行通信

流行通信
Ryuko Tsushin

...sions

Deep Europe

Family 2000

a Day

11

12

2

流行通信

流行通信

流行通信

One Day Trip

Sweet Sweet Horror

Gold

Dress Code

9

10

11

223

流行通信
INSTYLE NEWS MAGAZINE / RYUKO TSUSHIN

12

Around The
Fashion Photo

流行通信
INSTYLE NEWS MAGAZINE / RYUKO TSUSHIN

特集
NY Swinging Creators
ワークスタイルは自由形、クリエイションは未来形

HELMUT LANGの仕事

2001年春号
ニューヨーク・ロンドンコレクション

1

流行通信
INSTYLE NEWS MAGAZINE / RYUKO TSUSHIN

come to
kitchen

2

流行
INSTYLE NEWS MAGAZINE

Beauty by 流行通信
メイク至

流行通信
INSTYLE NEWS MAGAZINE / RYUKO TSUSHIN

Partners
ファッション・デュオの秘密

流行通信
INSTYLE NEWS MAGAZINE / RYUKO TSUSHIN

Vacation
アーバン・トリップに出かけよう

流行通信
INSTYLE NEWS MAGAZINE / RYUKO TSUSHIN

Daily Design
世界はデザインで回ってる

流行
INSTYLE NEWS MAGAZINE

Fashion Renai
ファッションの革命児たち

7

9

TOKYO雑貨探し
DESIGN WALKING
小特集：DENIM TO MODE

PULLOVER
new neck

We ♥ Music & Fashion

ニュースタンダード

マルタン マルジェラ
0-23
34の質問
モデル
タビ
ヒストリー
クイズ
特別企画

5

6

流行通信
INSTYLE NEWS MAGAZINE / RYUKO TSUSHIN

A Day
クリエイターと過ごす1日

7

流行
INTERIOR ISSUE
アーティスト
集合!?住宅

8

The Best Look of Spring '99

Fashion

THE PRETTIEST GIRL
OF SPRING '99

A PLACE IN THE SUN

GIANFRANCO
FERRÉ

Fashion Special
The Best Look Of Spring '99

スタイル・イン・カリフォルニア
Photographs JACK PIERSON

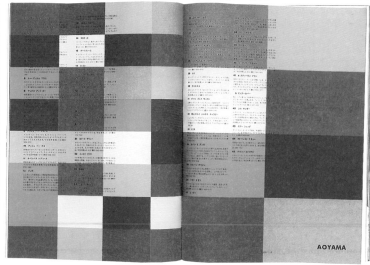

AOYAMA

夏にまとう香りと、
魅せるボディを作るコスメたち。

1

THE SWEET SCENTS

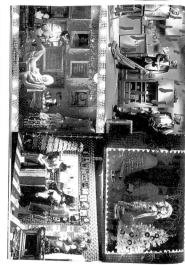

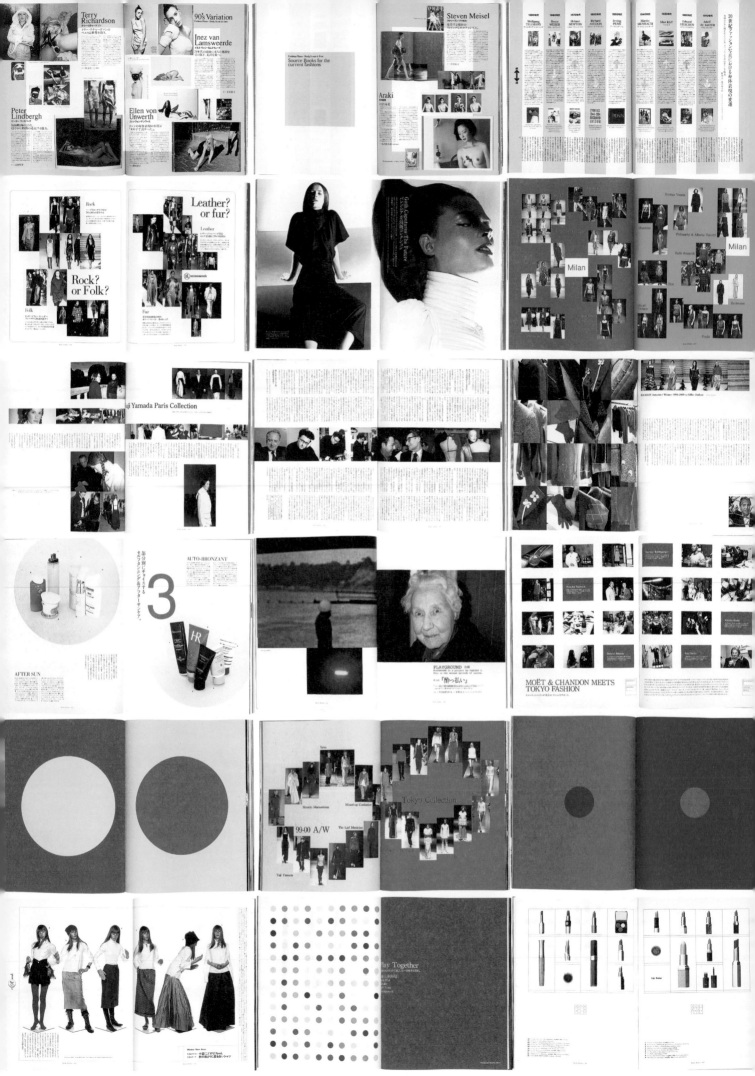

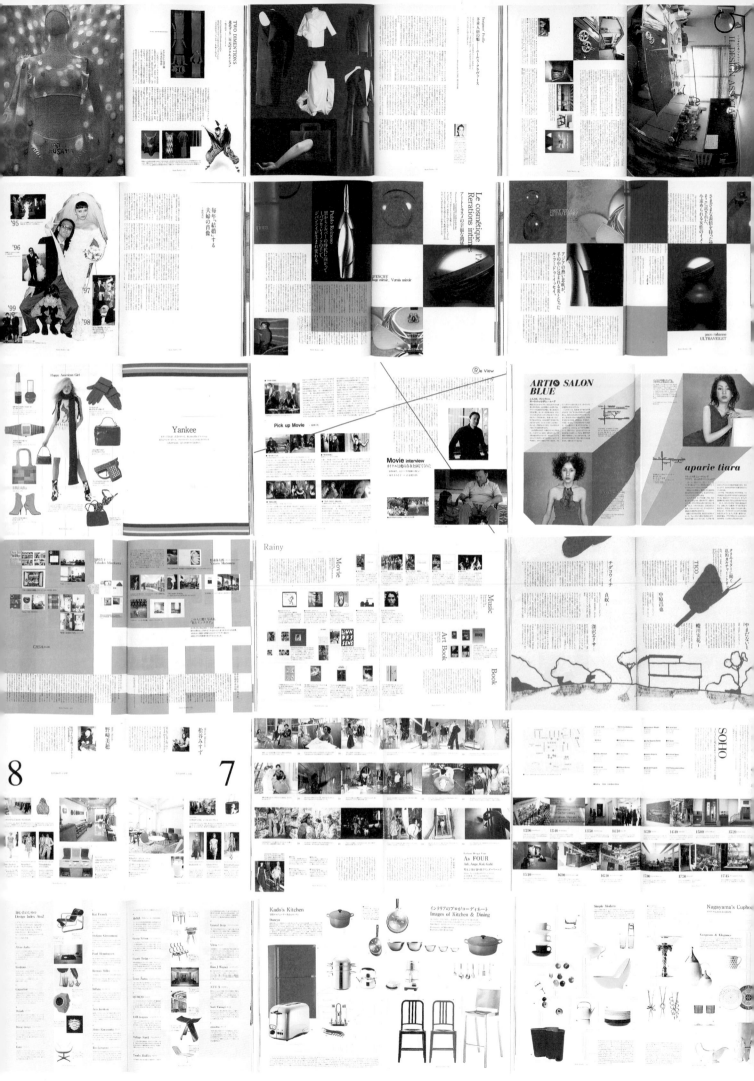

Scott Henshall
at home with his family (York, England)

Markus Lupfer
Party at his home (London)

Wakako Kishimoto
Mark Eley
at shrine in Takarazuka(Hyogo-Japan)

Elisa Fukasawa
in Needles California (U.S.A.)

JUNYA WATANABE
渡辺淳弥

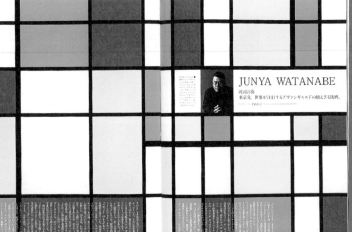

Tokyo Kaleidoscope Story

Living for the City by Bruce Mau

13 Kuriko Shimizu

Jun Fujita

14

15

Navin Rawanchaikul

11 Koji Sekimoto

Keiko

12

身体のざわめくままに
アートを晴む時代

ALEXANDER MCQUEEN

アレキサンダー・マックイーン
「この死んだ鳥が"今の私」再び身みらとしているロンドンの黒天使
Director of this page ALEXANDER MCQUEEN

INTERVIEW
マックイーンの新たな挑戦

Tokyo Creative Spot

トウキョウ クリエイティブ スポット

Fashion/Art/Café

V magazine

crash   Minimix

Another Magazine   Dazed & Confused

OPE SITE

New Tokyo
Life Style
Roppongi
Think Zone

FADs art space   Dragged Out Studio

Art

「ぼくはできるだけアタマ空っぽの作品をつくりたい」

「みんながよく知ったつもりでいるモノに
油断したところをひっぱたくんだ」

Maurizio Cattelan

「ぼくの人生、
それこそタブーかもしれない」

スーザン・チャンチオロ
Susan Cianciolo
Love Life
2001.11.6 CZECH CENTER

ギャスパー・ユルケビッチ
Gaspard Yurkievich
The Venus World Wide Show
2001.10.5 The Crazy Horse

A Fairy Tale

サークルモチーフ

024

It was like anthill, a very creative wondrous and thing to come into existence to the edge of the World.

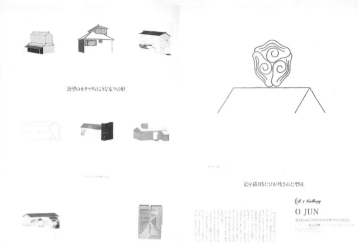

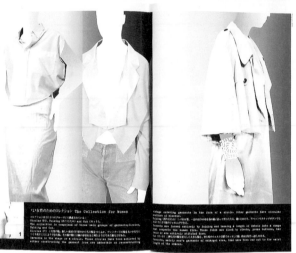

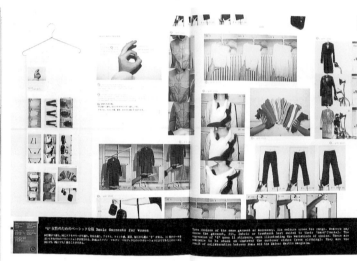

A woman in the room

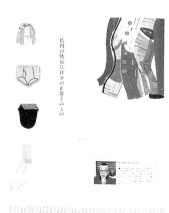

編まれるほうだって
せいせいしたいでしょう

6

1

4

8

7

5

3

2

CLAUDIA RIEDEL
クラウディア・リーデル

1991-2
Autumn/Winter

1991
Spring/Summer

1992-3
Autumn/Winter

1994-5
Autumn/Winter

1995
Spring/Summer

2002
Spring/Summer

2001-2
Autumn/Winter

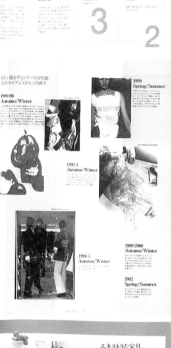

1989-90
Autumn/Winter

1990
Spring/Summer

1992-3
Autumn/Winter

1999-2000
Autumn/Winter

1994-5
Autumn/Winter

2002
Spring/Summer

London

Michael Marriott
Silke Leuchtwendtner
William Warren
Carl Clerkin

ロフト・スタジオに
集結する
デザイナー仲間

エキストラな家具

2001

1989

1969

195X

1967

1968

1972

1967

1995

1980

movie

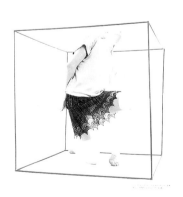

風にそよぐ葉が揺れて揺れて、
オリーブっていうのは爽やかな木だね

Yukio Nakagawa